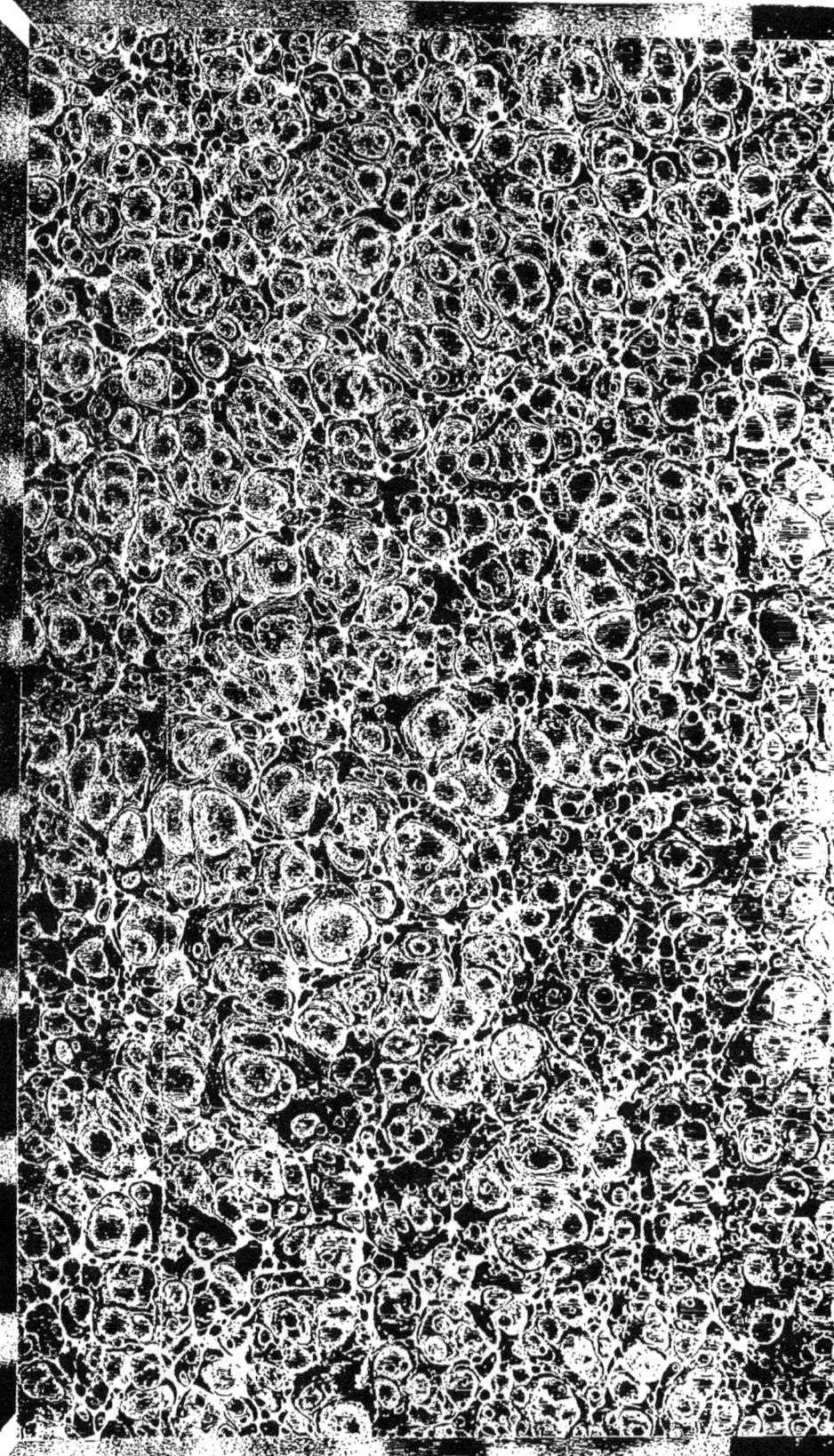

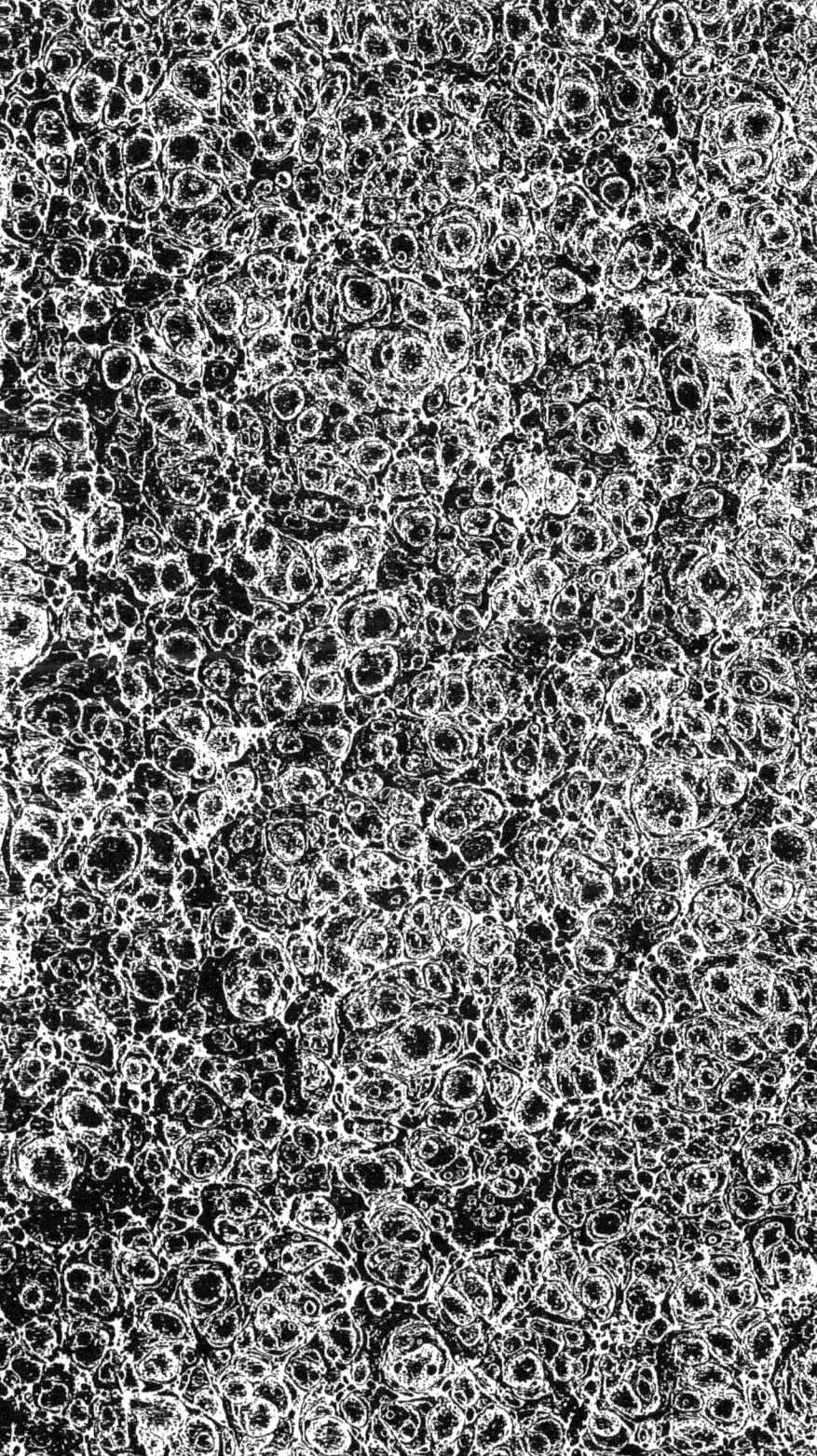

NOTRE
ANGE GARDIEN

SOUVENIRS INTIMES

PARIS-AUTEUIL

IMPRIMERIE DES APPRENTIS-ORPHELINS. — ROUSSEL

40, rue La Fontaine, 40

—

1891

NOTRE
ANGE GARDIEN

SOUVENIRS INTIMES

NOTRE
ANGE GARDIEN

SOUVENIRS INTIMES

PARIS-AUTEUIL

IMPRIMERIE DES APPRENTIS-ORPHELINS. — ROUSSEL

40, rue La Fontaine, 40

1891

NOTRE
ANGE GARDIEN

SOUVENIRS INTIMES

C'est à toi, ma Clémentine chérie, que j'adresse d'abord ces pages destinées à faire revivre celle que nous avons tant aimée !

A toi qui, avant même qu'elle fût notre mère, t'étais sentie attirée vers elle par un attrait puissant, une sorte de passion enfantine : ce sentiment s'est transformé plus tard en une tendresse réfléchie, profonde, qui n'a pu être surpassée dans ton cœur que par l'amour du Sauveur Jésus.

Je les dédie encore à sa pieuse sœur, dévouée à l'éducation chrétienne de la jeunesse ;

— A ses frères, qu'elle aimait presque maternellement, quoiqu'elle fût la plus jeune ;

— A ses neveux, qui tous deux étaient ses filleuls ;

— A ses nièces, dont une seule a pu apprécier ses

rares et charmantes vertus ; celle-là sera heureuse de les voir retracées, et les plus jeunes apprendront par ce simple récit à connaître celle qui nous laissa à tous de si touchants exemples ;

— A mon cher Henri, qui s'est identifié avec ces souvenirs de ma jeunesse et a voué une sincère affection à toute la famille de ma mère chérie.

Enfin quelques amies bien chères éprouveront, je n'en doute pas, un adoucissement à de longues épreuves, en rappelant plus vivement à leur souvenir cette suave figure, cette vie forte et dévouée, cette affection qu'une séparation prématurée n'a pu affaiblir dans leur cœur !

3 janvier 1891

I

Le soleil brillant d'Austerlitz quittait à peine l'horizon, éclairant de ses derniers feux ce champ de bataille à jamais glorieux pour la France..... Un jeune colonel, qui s'était distingué parmi les plus vaillants, avait attiré les regards du grand Napoléon. L'Empereur, dans sa tente, venait de lui signer son brevet de général de brigade, et le nouvel élu, plein de joie et d'espoir, traversait de nouveau le théâtre du combat, lorsqu'un boulet tiré au hasard — le dernier peut-être de cette journée — partit des rangs ennemis et anéantit par une mort prématurée le brillant avenir du jeune officier supérieur. Ainsi se termina la courte carrière du général Mazas.

Les détails font défaut sur ses débuts.

Un acte de famille le montre à vingt ans établi chapelier à Marseille ; quoique déjà marié à cet âge, il est forcé par une levée en masse de marcher à la frontière et conquiert bientôt une place d'honneur au milieu de tous ces héros qui défendaient le sol de la patrie.

Il devient l'ami intime de celui qui fut plus tard le maréchal Soult, duc de Dalmatie ; on possède encore une lettre des plus affectueuses, signée de ce dernier, où il assure son camarade Mazas de son entier dévouement pour lui et pour les siens, et le presse de mettre ce dévouement à l'épreuve.

Les petits-fils ne se prévalurent jamais, sous le second Empire, ni de cette illustre amitié, ni même du nom de leur grand'père, qui eussent pu cependant leur être une grande ressource. Car hélas! richesse, honneurs, avenir, tout disparut avec le dernier boulet d'Austerlitz!

La fille unique du Général resta sous la seule protection d'un frère de son père, Philippe Mazas, et fut placée par l'Etat à la maison impériale de saint Denis, où elle fit son éducation.

II

Philippe Mazas, dernier survivant de quatre frères, — car deux autres, à ce que l'on croit, périrent aussi dans les guerres de la République — a écrit lui-même un récit pittoresque et un peu méridional de ses aventures après la chute du premier Empire.

Il faisait partie de la vieille garde et assista aux célèbres adieux de Napoléon, lesquels donnèrent leur nom à la cour d'honneur du château de Fontainebleau. Puis fuyant la France pour ne pas servir les Bourbons, il aurait porté jusqu'en Egypte son humeur aventureuse: les honneurs l'y attendaient. Elevé à la dignité de Pacha à deux queues, son attachement à la foi chrétienne l'empêche seul d'être gratifié des trois queues, mais sa curiosité indiscrète est cause de sa ruine : il veut pénétrer dans le harem, contempler la beauté des femmes de l'Orient... les eunuques se précipitent sur lui, le maltraitent et l'expulsent. Il est obligé de quitter l'Egypte en fugitif pour éviter le châtiment dû à son audace.

Pour toute richesse, il emporte des pièces d'or dans une ceinture serrée à sa taille. En route, il fait naufrage, est pris et emmené comme esclave par des pirates algériens.

Plus tard il s'échappe et peut, grâce à l'or qu'il

avait soigneusement caché, éviter toute poursuite et gagner la France.

Tous ces récits ne méritent peut-être pas une foi absolue... Quoi qu'il en soit, Philippe se retrouve en France, sous le règne des Bourbons, sans emploi et sans ressource.

C'est alors que se fait sentir la douce influence d'une sœur, ange gardien de la famille. Consacrée à la prière dans un couvent de l'Adoration perpétuelle du Très Saint-Sacrement, sous le nom de sœur saint Joseph, elle y avait attiré une nièce qui prit le voile sous le nom de sœur saint André.

Ces deux pieuses femmes vivaient dans la retraite et l'oraison, sans négliger à l'occasion de servir les intérêts de leur famille.

Une dame fort chrétienne, Mme de Calvières, amie intime de sœur saint Joseph, réclamait ses conseils et confiait à ses prières le désir ardent qu'elle éprouvait d'avoir un fils.

Ayant été enfin exaucée du Ciel, elle attribua cette faveur aux mérites de sa sainte amie et lui voua une reconnaissance éternelle ; aussi fut-elle heureuse d'employer son crédit en faveur de M. Mazas.

M. de Calvières était fort bien en cour ; il fit valoir les services de l'ex-capitaine sous la République et l'Empire, et obtint une pension qui mit le vétéran à l'abri du besoin.

En 1832 Philippe Mazas épousa, à Paris, Alexandrine Leroy qui avait alors quarante ans et venait de perdre sa mère.

Quoique déjà avancés en âge, les nouveaux époux vécurent heureux et très unis ; ils recueillirent plus tard notre chère héroïne et l'élevèrent comme leur enfant.

Tous deux allèrent se fixer à Sens, attirés par la présence du commandant Puech, vieux compagnon d'armes du capitaine Mazas, établi dans cette ville avec sa femme et ses deux filles.

III

Mais n'anticipons pas sur les événements.

Avant la fin de l'Empire, probablement vers 1812, Philippe avait marié sa nièce Marie Mazas avec un M. Puech, employé des douanes et frère de cet officier que nous mentionnons plus haut.

Le mariage eut lieu à Saint-Gervais et la jeune orpheline fut conduite par son oncle à l'autel.

Mûrie par le malheur, douée d'une vive intelligence et de toutes les qualités du cœur, elle puisa dans une piété sincère la force de faire face à la lourde tâche qu'il plut à la Providence de lui imposer.

Elle fut mère de huit enfants et les éleva avec de fort petites ressources et au milieu de nombreux changements de lieux nécessités par la position de son mari. Celui-ci, poëte et aimant le monde, laissait peut-être trop peser sur sa vertueuse compagne les soucis de l'intérieur.

Les trois aînés, Auguste, Hippolyte et Louis, qui avaient connu leur mère, ne parlaient jamais d'elle qu'avec l'affection la plus profonde et une filiale vénération.... Ils se rappelaient sa douceur, son énergie, sa foi sincère et disaient plus tard, pour faire l'éloge de leur plus jeune sœur, qu'elle était l'image vivante de cette sainte mère.

Le quatrième, Narcisse, ne se la rappelait que vaguement, entourée de ses huit enfants, un certain jour où lui-même tomba en jouant dans un petit étang et faillit y perdre la vie. Cet événement avait laissé des traces dans son souvenir, en même temps qu'une pâleur accentuée qui persista toujours dans son teint.

Tous quatre racontaient la gêne qui régnait souvent dans le ménage, alors qu'on était obligé de leur abandonner le soin de la cuisine et je vous laisse à penser comment ces jeunes Vatel s'acquittaient de leur besogne : les jeux et les rires devaient être plus fréquents que les sauces bien réussies.

La bonne mère s'efforçait de discipliner tout ce petit monde et payait le plus possible de sa personne.

Deux de ces enfants moururent en bas âge. On était à Pontarlier où son mari avait atteint le grade de capitaine de Douanes lorsqu'elle mit au monde ses deux derniers enfants, Caroline, en 1830, et Hermance le 27 octobre 1832.

Un modeste repas de famille fut organisé pour le baptême de cette dernière, le 1er novembre.

La mère de famille voulut veiller elle-même aux préparatifs. . peut-être y prendre une part active : Cette imprudence lui coûta la vie.

La pauvre petite, cause bien innocente de cet affreux malheur, fut mise en nourrice chez une excellente femme des environs, Thérèse X... et y resta jusqu'à l'âge de quatre ans. Elle y eut pour compagnons les enfants du village et notamment Alexis, le fils de la bonne Thérèse, ainsi que nous l'apprit une phrase de mon oncle Louis, restée célèbre dans nos souvenirs d'enfants : « La première fois que j'ai vu Hermance, elle barbotait dans un ruisseau avec le fils de la nourrice. » Bien plus tard cet Alexis vint nous visiter à Paris, boulevard Beaumarchais : mes parents lui firent bon accueil et lui donnèrent une robe pour sa mère qui vivait encore.

Maman se rappelait confusément qu'on la faisait venir parfois auprès de son père, souvent alité et entouré de ses autres enfants dont les aînés étaient déjà de grands jeunes gens.

En 1836 le père alla rejoindre sa vertueuse femme, laissant sa nombreuse famille à la garde de Dieu et sans aucune ressource.

IV

Auguste, l'aîné des garçons, était déjà, je crois, engagé au 41° de ligne où son oncle Puech avait commandé ; Louis y fut accepté dans la musique du régiment où ses dispositions musicales aussi bien que son excellente conduite le firent remarquer.

Hippolyte entra dans les Douanes ; plein de courage et d'abnégation, il ne craignit pas d'assumer la charge de son frère Narcisse encore enfant. Il veillait sur lui, l'envoyait à l'école et lui prodiguait tous les soins matériels, ainsi qu'aurait pu le faire la mère la plus dévouée.

Caroline fut placée chez les sœurs de saint Charles où elle fit toute son éducation ; mais qu'allait devenir la pauvre petite Hermance trop jeune pour être remise à des mains étrangères ?...

L'oncle Philippe veillait sur les enfants de sa nièce défunte ; et son excellente compagne, partageant avec lui le désir d'être utile aux pauvres orphelins, tous deux réclamèrent celle à qui leur protection était le plus nécessaire.

Une dame de Pontarlier, Mme Tarbé des Sablons, se chargea d'amener l'enfant à Sens.

C'était alors une bonne grosse fille, fort timide et un peu gauche à la manière des paysans ; une forêt de cheveux noirs couvrait sa tête et cachait en partie son front : elle portait une petite robe rose à pois.

L'oncle et la tante Mazas lui firent le plus chaleureux accueil, sans pouvoir de suite triompher de sa sauvagerie : dis : bonjour mon oncle, disait l'un. — Bonjour, Monsieur, répondait l'enfant avec une grosse voix — Eh bien ! dis : merci, ma tante, reprenait l'autre en présentant un biscuit. — Merci, Madame, continuait la petite, non sans prendre le biscuit dont elle savait fort bien faire usage.

Les bons parents en étaient un peu démontés, mais quelques jours suffirent à rendre complète la connaissance et à établir entre eux trois les rapports les plus affectueux.

L'oncle s'occupait beaucoup de sa petite nièce, lui donnait les premières leçons, pas toujours, je dois le dire, avec une patience à toute épreuve. Peu habitué aux jeunes enfants, il s'échauffait trop vite à la première incartade et poursuivait la petite coupable, lui envoyant son bonnet de chambre en signe d'indignation.

Une grande punition consistait à l'asseoir quelques instants sur une chaise dans une large armoire.

Je pense qu'il se reprochait ces petits mouvements de vivacité pourtant bien naturels, car lui-même composa pour sa propre fête une charmante pièce de vers que je regrette de n'avoir jamais sue en entier et qui commençait ainsi :

« Je viens, mon cher Grognard, pour le jour de ta fête
« Présenter au Seigneur une double requête. »

La petite Hermance la récita devant la famille réunie ; elle y exprimait des reproches naïfs envers son professeur, convenait de ses caprices et de ses légers torts d'enfant ajoutant toutefois :

.... — Mais est-ce une raison
Pour me donner le fouet et me mettre en prison ?

Disons en passant que l'oncle Philippe s'occupait fort de poésie ; mais la plupart de ses compositions, ayant une tournure galante, furent plus tard sacrifiées sans pitié, en vertu des principes rigides de la bonne tante Mazas.

Hélas ! cette vie de famille dura peu. Quatre ans encore et le parent bon et dévoué, qui s'était fait le tuteur de la petite fille après avoir été celui de la mère, terminait sa carrière, laissant sa veuve dans un grand embarras puisque, déjà en retraite lorsqu'il l'avait épousée, il ne pouvait lui transmettre la jouissance de sa pension.

V

Dans cette difficile conjoncture, il ne vint pas un instant à l'idée de la bonne tante d'abandonner sa fille d'adoption. Elle quitta Sens et vint se fixer à Versailles peut-être pour y retrouver une amie d'enfance, Mme Jomard, mais surtout parce qu'elle se rapprochait ainsi de son frère, alors professeur à l'école Polytechnique et qui fut dès lors son unique soutien.

Félix Leroy, l'aîné de huit enfants, s'était distingué de bonne heure autant par ses hautes capacités que par une vertu et une piété exemplaires qui ne se démentirent jamais. Il devint par ses seuls mérites professeur de sciences à l'école Normale supérieure et à l'école Polytechnique où il fut contemporain d'Arago et d'Ampère, et composa sur la géométrie descriptive des ouvrages d'une grande valeur qui sont encore en usage dans ces écoles.

Tout jeune encore, ses frères et sœurs le regardaient comme un second père et lui obéissaient sans réplique ; ses parents même le respectaient.

Plus tard ses élèves l'entourèrent de la plus sincère vénération, ce qui ne les empêchait pas, bien entendu, de plaisanter sur les distractions qui lui étaient communes avec ses illustres collègues.

J'ai connu plusieurs de ses anciens élèves, alors ingénieurs ou officiers supérieurs dans l'artillerie et le génie ; tous se plaisaient à rendre hommage à sa vertu austère qui, alliée à une grande bonté, lui attirait les cœurs de son jeune entourage.

L'un d'eux m'a raconté cette petite anecdote :

Faisant un cours à Polytechnique et énumérant les différents instruments de géométrie, il lui arriva de ne pouvoir retrouver le nom d'un d'entr'eux qui sert à évaluer le volume des pierres ; comme il arrive en pareil cas, plus il s'obstinait, plus le mot le fuyait, jusqu'à ce que, impatienté, il passa outre et acheva sa leçon.

Ce petit incident était tout à fait oublié :

Le professeur se lève, prend son chapeau et il franchissait déjà la porte, cherchant toujours le mot auquel les élèves ne pensaient plus guère, lorsqu'il revient précipitamment en criant de l'air triomphant d'Archimède : Messieurs, c'est le Beuveau !

Il faut peu de chose pour défrayer les plaisanteries des jeunes gens de cet âge : le mot fit fortune et le professeur, M. Leroy, ne fut plus désigné que par ce nom : le Beuveau.

Bien plus, le concierge de l'école, qui portait le même nom, fut appelé « Beuveau l'orifice » et le roi Louis-Phillippe lui-même « le grand Beuveau. »

C'est encore M. Leroy qui antérieurement avait été l'auteur de cette démonstration au duc d'Angoulême restée célèbre dans les fastes de Polytechnique.

Le prince était venu visiter l'École : il désira entendre une leçon de géométrie ; mais, d'un esprit très peu ouvert aux sciences exactes, il lui fut impossible de saisir les premières données du théorème, lesquelles pourtant étaient indispensables pour en suivre le développement. Après plusieurs explications aussi claires qu'infructueuses, mon cousin Leroy désespérant de se faire comprendre s'écria : Monseigneur, c'est comme cela, je vous en donne ma parole d'honneur ! Je vous laisse à penser l'hilarité du malin auditoire.

M. Leroy épousa Mlle Hubault de la Malmaison, d'une famille riche et bien posée, qui ne lui donna jamais d'enfant. Elle avait un oncle du même nom, curé de saint Louis en l'Isle qui mourut vers 1858, âgé de près de cent ans, doyen des curés de Paris.

Le caractère de Mme Leroy était fort original et mit souvent à l'épreuve la patience admirable de son mari : on ne s'explique pas par quelle anomalie elle ne pouvait souffrir sa belle-sœur : toujours est-il que M. Leroy, ne voulant froisser personne, visita sa sœur en cachette, mais fort régulièrement à Versailles.

Ce fut lui qui l'aida à vivre avec la chère orpheline qu'il considéra dès lors comme une nièce adoptive.

VI

Tandis que la bonne tante déployait des trésors de travail, d'ordre et d'économie pour faire marcher le petit ménage, la jeune Hermance, âgée de huit ans, commença à fréquenter une pension. Elle s'y fit promptement remarquer par sa mémoire et son intelligence que mettaient souvent à contribution des compagnes plus jeunes ou moins studieuses ; elle se lia dès lors avec Emélie Meilhon, nature surabondante de vie et d'affection qui resta toujours sa meilleure amie ; elle lui servait de répétitrice, stimulant son ardeur et l'aidant à faire ses devoirs.

Bien douée sous le rapport musical, ma chère maman trouva moyen de faire de sérieux progrès sur le piano avec une ou deux leçons par semaine, bien que la maîtresse ne la fît souvent jouer que d'une main et qu'elle n'eût pas la facilité d'étudier dans l'intervalle des leçons.

M. Leroy s'intéressait vivement à ses progrès en tous genres ; chaque mois il faisait avec elle une revue de ses connaissances et lui donnait des leçons d'arithmétique avec quelques éléments des sciences exactes. Il lui fournissait les livres, les atlas nécessaires et lui fit présent de deux beaux globes — que nous avons bien des fois admirés dans notre enfance — qui représentaient la sphère terrestre et sa position par rapport au mouvement du soleil et de la lune.

La jeune élève suivait ces leçons avec le plus vif intérêt et travaillait d'une manière vraiment sérieuse, espérant au moyen de ses études être utile un jour à celle qui lui servait de mère.

Elle était encore peu avancée en âge lorsqu'un inspecteur visita la pension où elle se trouvait. Il fit faire aux élèves une composition d'orthographe promettant un prix à celle qui ferait sans faute une dictée assez difficile... Une erreur bien légère échappa seule à notre héroïne — encore n'était-ce pas une faute de règles — deux *r* au verbe intéresser. — L'Inspecteur lui fit des éloges, et, déclarant qu'elle avait gagné le prix, lui remit quatre petits volumes fort instructifs sur les sciences naturelles.

A l'âge de seize ans elle passa son premier examen avec succès, quoiqu'elle fût bien intimidée — et à dix-huit ans elle obtint son brevet d'institutrice avec *éloges* et *applaudissements*, ce qui était alors la plus haute marque de distinction.

Elle était donc en état de faire usage de ses talents : une dame de Versailles d'une grande naissance, Mme d'Artois de Bournonville, avait perdu toute sa fortune d'abord, puis une fille charmante, sa joie et son espoir; elle avait entrepris pour vivre de réunir chez elle des jeunes filles pour leur faire un cours, principalement sur l'histoire et la littérature ; mais quoique d'un esprit cultivé, et fort instruite, elle ne possédait pas le brevet nécessaire pour enseigner: ayant donc entendu parler des qualités et de la capacité de la jeune Hermance Puech — maman commençait à porter son nom véritable au lieu de celui d'Hermance Mazas qui lui avait été jusque là attribué — elle lui offrit de collaborer à son cours.

A peine l'eut-elle connue, qu'elle s'attacha vivement à cette nature un peu renfermée en elle-même, mais qui laissait entrevoir des trésors de vertu et de délicatesse.

Elle en fit sa compagne, entreprit de compléter son éducation littéraire en lui lisant et faisant apprécier tous nos chefs-d'œuvre ; ses lectures intelligemment choisies et sa conversation aussi agréable qu'élevée, contribuèrent sans doute à donner à notre chère mère ce fini dans les manières, cette distinction exquise qui charmaient en elle dans la société et dont elle ne se départissait jamais, même dans l'intimité la plus familière.

Une autre amitié eut certainement sur elle la plus heureuse influence, ce fut celle de Mme de Lausun, autrefois élève, puis professeur à la maison royale de St-Denis, où le colonel de Lausun était venu lui offrir sa main avec la lourde tâche de servir de mère à ses quatre enfants d'âges assez différents.

Cette dame vraiment distinguée par le cœur, par l'esprit et les manières, exerçait un véritable charme sur ceux qui savaient l'apprécier. Sa conversation toujours choisie étincelait d'esprit sans que la charité se trouvât jamais offensée, chose si rare qu'elle nous frappa beaucoup lorsque, déjà jeunes filles, ma sœur et moi, nous eûmes le bonheur de passer quelques jours chez elle, au château de l'Hermitage près Caen.

Notre plus grande joie fut de recevoir les petites visites matinales qu'elle faisait dans notre chambre, nous parlant surtout de la jeunesse de cette chère maman sur laquelle il nous était si difficile d'avoir des détails, à cause de sa répugnance à parler d'elle-même. « C'était, nous disait cette bonne dame, la plus jolie vie de jeune fille que j'eusse jamais vue, toute au devoir et à l'amour de Dieu. »

Ces quelques mots résument en effet cette vie simple et admirable : le devoir, toujours et en tout — avec une intention entièrement pure, celle de plaire à Dieu seul.

Sa dévotion sincère et exempte d'exagération se traduisait au dehors plutôt par la floraison des vertus que par des actes de piété trop multipliés. Elle aimait la prière recueillie dans sa chambre et au pied des autels, assistait exactement aux offices avec la bonne tante Mazas.

L'humilité et la retenue en toutes choses lui étaient presque naturelles ; et Dieu lui avait révélé le secret de cette véritable charité dont saint Paul fait une description si admirable : cette charité qui ne soupçonne point de mal, l'excuse quand il est évident, qui l'oublie ensuite et ne se complaît point à en parler. La bonne tante Mazas nous disait plus tard : « Jamais je n'ai entendu ma fille dire du mal de personne ».

Enfin son caractère était d'une grande égalité, tout étant bien pondéré dans cette nature d'élite.

Maman avouait elle-même avec simplicité qu'elle n'avait jamais connu l'impatience, étant jeune fille.

L'amour de l'étude, une ardeur un peu enthousiaste pour tout ce qui est vrai et beau, animaient cette existence très sérieuse, mais dont les plaisirs purs n'étaient pas bannis.

Le cercle des amies allait grandissant : c'étaient, avec Emélie Meilhon et Eline de Fiène, ses amies d'enfance, — Mathilde et Isaure de Lausun dont elle était l'institutrice en même temps que la compagne — Sophie et Marie Croiset, Léonie Ténaud, Fanny Crinon, enfin Justine Saucour et Virginie Caron, ces deux dernières un peu plus âgées que les autres.

Que d'agréable causeries cœur à cœur ! Que de belles promenades dans les jardins de Versailles ou dans les parcs de Trianon et de Satory ! Que de charmantes réunions chez madame de Lausun où toute la jeunesse se livrait à la plus aimable gaîté, et terminait souvent la soirée par une joyeuse sauterie entre jeunes filles !..

Pour donner une idée des sentiments intimes de maman, de ses plaisirs et de ses peines, pour montrer en même temps l'humilité admirable qui s'alliait dans son âme au pur amour de Dieu, je ne puis mieux faire que de citer quelques passages d'un très court journal écrit par elle entre le 1er janvier 1854 et le 4 octobre 1857.

Nous n'avons connu qu'après sa mort ces pages tout à fait intimes, écrites à dessein en anglais et mélangés de divers mots français et italiens... Encore l'anglais est-il très défectueux, car elle commençait seulement l'étude de cette langue dans laquelle elle se perfectionna beaucoup après son mariage.

1er Janvier 1854. — Après la messe (c'était dimanche) j'ai reçu la visite de Mathilde et d'Isaure qui m'ont invitée à aller dîner chez elles. Nous n'avons pu déjeuner chez madame Jomard à cause du mauvais temps.

Nous avons été voir M. Barthélemy ; — à vêpres, j'ai repris les Dames de Lausun pour aller chez elles. — J'y ai dîné — très agréable soirée.

Mercredi 4. — J'ai passé ma journée chez Mme d'Artois et j'en ai été enchantée. Elle s'est montrée très affectueuse pour moi. Nous avons lu Ivan-Hoé... J'y suis restée depuis 2 heures jusqu'à 9 heures du soir. — Bonne journée et bon souvenir.

Samedi. — Je me suis trouvée sans courage et fatiguée. — Je suis allée à l'église pour reprendre de la force. — Demain j'irai communier : mon Dieu ! je mets mon cœur entre vos mains !...

Dimanche, 5 février. — J'ai passé la soirée chez Mme de Lausun. Nous avons dansé un peu, pris le thé et j'ai beaucoup parlé avec Mme de Lausun de St Denis, ce qui m'a ravie.

Samedi 11. — A une heure et demie, Sophie Croiset est venue me voir en m'apportant un livre « Bonheur à la Table Sainte » puis nous sommes allées ensemble à confesse.

Samedi-Saint. — J'ai été me confesser aujourd'hui : demain sera le beau jour de Pâques... Quel céleste bonheur !.....

Samedi 13 mai. — J'ai passé la soirée chez Mme d'Artois avec les Dames de Lausun; délicieuse soirée et conversation des plus agréables entre ces deux dames qui ont été fort aimables. Nous prîmes le thé et, à 10 h. 1/2, Mme de Lausun me ramena à la maison.

Une de ses grandes épreuves fut la maladie de sa chère Emélie, devenue Mme Cauyette, qui faillit perdre la vie après la naissance de son premier né, Gaston.

Lundi 19 juin. — Emélie est très mal et j'ai fait le vœu, si Dieu la rend à la santé, de faire cinq communions d'actions de grâces et de réciter mon chapelet pendant six mois à partir de la fin de juin.

Mercredi 21. — Emélie est plus mal ; toute troublée, j'ai promis huit communions et mon chapelet pendant huit mois ; oh ! mon Dieu ! exaucez-nous, ayez pitié de nous et notre reconnaissance durera toujours.....

Vendredi 23. — Aujourd'hui, j'espère, et c'est toujours en vous, mon Dieu !

Samedi 24. — Le mieux se soutient, oh ! mon Dieu ! achevez votre ouvrage : nous mettons notre confiance en vous seul.

8 juillet. — Elle est mieux, grâce à Dieu !... Gaston est venu et je l'ai conduit chez Mme de Lausun.

28 octobre. — J'ai donné une petite soirée en l'honneur d'Ophelle : nous avions Mathilde, Isaure, Estelle, Ernestine et Fanny — tout s'est très bien passé. Je t'ai négligé, mon journal, parce que j'étais dans la joie.

Mon voyage avec mon frère Hippolyte, l'arrivée d'Ophelle ont absorbé mes pensées ; aujourd'hui c'est le jour de son départ et je reviens à toi, mon petit cahier, parce que je suis seule.

31 décembre, 9 h. 3/4 du soir. — Aujourd'hui je suis triste, et pourquoi ? peut-être parce que je ne suis pas satisfaite de moi. O mon Dieu ! tant de promesses que je vous ai faites resteront-elles sans résultats ? Puis-je former de nouvelles résolutions après en avoir pris tant de fois ?... Oui encore... Ne permettez pas que je laisse échapper toujours les occasions de faire votre volonté.

Encore une fois, je m'appuie sur votre parole : « Celui qui met sa confiance en moi ne manquera pas d'assistance. »

Pardonnez-moi, ô mon Dieu, les innombrables fautes que j'ai commises cette année : je vous le demande par les mérites de votre Cœur sacré et miséricordieux, l'intercession de votre bonne Mère qui est aussi la mienne.

Merci pour toutes les grâces, les faveurs dont vous m'avez gratifiée durant l'année. Vous lisez dans mon âme et vous voyez combien je suis affligée de ne m'être pas rendue plus digne de vos dons. Puissé-je me montrer désormais et toujours votre enfant par la pratique des vertus dont vous nous avez donné l'exemple, et faites miséricorde aux âmes de mes parents et amis défunts... Amen. Adieu, chère année !

2 Février 1855. — Fête de la Purification et pour le Dogme de l'Immaculée Conception : j'ai promis à Dieu de le servir toute ma vie, car Il a eu pitié de moi. Je vous demande, ô mon Dieu, la grâce de la persévérance par l'intercession de Marie, ma bonne Mère.

— Jour de l'adoration perpétuelle à saint Louis. J'ai promis à Dieu plus d'amour et de soumission à sa Sainte volonté.

O jour heureux de l'éternité, puissiez-vous devenir notre bien pour toujours !

3 Octobre. — J'ai passé la journée chez Mme de Lausun, nous sommes allées en voiture à une ferme... nous avons bu du lait et j'ai dîné chez elle : j'ai été bien heureuse.

Enfin peu de temps avant son mariage le 2 avril 1856 — bonne soirée passée chez Mme d'Artois en compagnie de ces Dames de Lausun avec lesquelles nous nous étions promenées. L'on m'a promis que Mathilde viendrait passer huit jours avec moi à Fontainebleau — Probablement notre dernière soirée : ô combien elle m'a paru charmante !

VII

L'année 1850 où le commencement de 1851 vit notre chère héroïne atteinte d'une maladie assez grave, la seule qu'elle eût jamais outre le terrible typhus qui nous l'enleva si soudainement. C'était une inflammation d'un caractère sérieux qui la tint longtemps au lit et nécessita des soins assidus. Elle entrait en convalescence lorsque la bonne tante reçut la visite du jeune ménage Mésiasse.

Léonce Mésiasse, son proche parent, car il était le fils d'un de ses cousins-germains, avait toujours eu avec elle les rapports les plus affectueux.

Venu très jeune à Paris, il recevait de sa tante et de sa cousine Leroy une cordiale hospitalité ; plus tard, lorsque cette dernière, devenue veuve, s'était fixée à Versailles, il lui avait rendu d'assez fréquentes visites, traitant également de cousine sa fille adoptive.

Ces Dames allaient à leur tour le voir à Paris, rue des Fossés-Montmartre, où il avait un magasin de soieries en gros ; elles étaient sûres d'y trouver le meilleur accueil et la plus grande obligeance dans tous les services qu'elles réclamaient de leur cousin.

Elles avaient également des rapports affectueux avec ses nièces, Aline et Eugénie Joseph, restées orphelines. La dernière eut souvent recours aux lumières et au dévouement de la cousine Hermance pour avancer dans ses études qu'elle désirait terminer afin d'être admise dans la sainte Légion des Filles de la Charité ; elle y entra en effet plus tard et dirigea une école jusqu'à sa mort survenue en 1869.

Le visiteur dont nous parlions fut donc le bienvenu lorsqu'en février 1851 il amena sa jeune femme Laure Girerd, qui devait être sitôt ravie à son affection. Elle était extrêmement timide et se fit peu connaître dans cette visite, la seule qu'elle fit à Versailles : le 2 octobre 1853 elle mourait laissant deux petites filles, l'une âgée de 22 mois, l'autre de 8 seulement !

VIII

Le moment arrivait où les membres dispersés de la famille Puech allaient se rapprocher providentiellement pour nouer des relations aussi tendres que suivies.

Les jeunes gens avaient grandi et fait leur chemin. Louis, déjà lieutenant, et que ses garnisons rapprochaient davantage de Paris, venait assez souvent visiter sa sœur à Versailles ; il était reçu et apprécié dans les familles qu'elle fréquentait et il animait parfois les réunions par son entrain et ses spirituelles saillies.

Narcisse avait été placé en Suisse pour y apprendre l'horlogerie fine et ne devait pas tarder à rejoindre son frère aîné, Auguste, sur ce sol de l'Algérie où il sut plus tard se créer une aisance et une situation des plus honorables. Hippolyte, le bon frère, relevé de la garde de son Benjamin, avançait rapidement dans la carrière des Douanes, mais par sa position même il se trouvait toujours retenu au loin sur les frontières de la Suisse et de la Savoie, et n'avait guère revu sa plus jeune sœur depuis la mort de leur père.

Un esprit religieux, le culte du devoir modestement accompli, l'avaient gardé dans toutes les difficultés comme dans toutes les tentations ; dès qu'il eut quelques économies, sa première pensée fut d'aller à Versailles chercher sa sœur Hermance et de la conduire à l'Isle la Sorgue, près d'Avignon, pour y faire la connaissance de cette autre sœur, Caroline, qu'elle n'avait jamais vue.

Celle-ci avait fait toute son éducation chez les bonnes religieuses de Saint-Charles (de Lyon) puis avait annoncé aux siens son désir d'entrer dans cet Ordre pour s'y consacrer à l'éducation chrétienne de la jeunesse.

La bonne tante Mazas, dont le dévouement était inépuisable, lui avait répondu qu'elle ne se crût pas obligée de prendre ce parti, soit par le manque de fortune, soit par la crainte de l'isolement — que si sa vocation n'était pas bien éprouvée, elle pouvait venir à Versailles, auprès de sa sœur et sous le même toit, pour s'y créer aussi d'honorables moyens d'existence. Caroline avait remercié, tout en protestant de sa fidélité à sa sainte vocation.

La tante Saint André avait fait d'autre part bien des instances pour l'attirer dans son couvent voué à l'adoration du T. S. Sacrement. Elle avait même obtenu de sa jeune nièce qu'elle passât une quinzaine auprès d'elle dans la retraite et la prière pour étudier sa vocation.

Caroline s'y était docilement prêtée, mais au bout des quinze jours, elle avait déclaré franchement à sa tante que tout son attrait la portait vers l'ordre de Saint-Charles et qu'elle s'y sentait appelée par Dieu.

Elle y entra en effet et elle était déjà novice, lorsque son frère Louis étant allé la voir et ayant obtenu la permission de lui faire faire une promenade, lui avait proposé tout simplement de l'enlever à son couvent pour peu qu'elle s'y trouvât contrainte ou gênée en quoi que ce fût. Cette offre inattendue avait fort amusé la novice ; elle s'était empressée de rassurer son frère en le remerciant de son affection, et les religieuses, mises au courant de l'incident, bien loin de tenir rigueur au eune officier, le comblèrent d'attentions pendant son séjour parmi elles.

Une vocation si sérieusement éprouvée devait produire bien des fruits de salut dans son entourage comme dans les cœurs confiés à sa sollicitude.

Ce voyage de notre chère Mère, en compagnie de son frère Hippolyte et pour faire la connaissance de sa sœur, était resté dans ses souvenirs comme une de ces joies pures auxquelles la jeunesse, la nouveauté prêtent des charmes tout particuliers. C'est à lui d'ailleurs qu'elle fait allusion dans son journal du 28 octobre 1854.

C'était son premier voyage, ses premières heures de liberté ; elle avait vingt-deux ans, et son frère, trente-quatre.

L'heureux couple partit et fit une première pause à Fontainebleau afin d'y retrouver la famille d'un parent bien cher, l'oncle Puech de Sens. Il était mort ; sa fille ainée, Laure, élevée à la Maison royale de St Denis, était entrée comme professeur dans une maison d'éducation à Fontainebleau, s'y était récemment mariée et avait attiré auprès d'elle sa mère et sa jeune sœur Ophelle.

Hermance avait bien autrefois joué avec ses cousines, plus âgées qu'elle ; mais ces souvenirs étaient déjà si anciens qu'il s'agissait presque d'une connaissance à faire. Puis on ne savait pas au juste le nom du nouveau ménage, ni quelle position occupait le mari.

Après quelques pérégrinations et pas mal de recherches, on découvre le nom et l'adresse : M. et Mme Machy, habitant rue de l'Arbre-Sec avec Mme et Mlle Puech. C'est bien cela : on se hâte, on sonne. Ophelle, croyant avoir affaire à un jeune ménage, se prépare à leur montrer une maison meublée que sa sœur louait aux étrangers.

Mais il ne s'agit pas de cela. « Je suis Hippolyte ! Je suis Hermance ! » La tante Puech arrive. La reconnaissance se fait et des plus chaleureuses. Quelle joie de retrouver de la famille ! La jeune Ophelle surtout ne se possédait plus et voulait à toute force retenir les voyageurs ; mais ils étaient attendus à l'Isle la Sorgue.

On arrange tout en convenant qu'ils feront une pause plus longue au retour.

Le voyage continue de plus en plus joyeux : la naïveté des jeunes touristes, leur vue, très basse chez tous deux, leur causaient à chaque instant des étonnements et des méprises qui entretenaient la gaieté.

Une seule ombre au tableau : c'était le modeste contenu de leur bourse ; peu habitués à débattre leurs intérêts dans les hôtels ou avec les cochers, ils s'apercevaient avec effroi, à chaque station, que cette bourse s'allégeait par trop rapidement et, comptant avec inquiétude leurs minimes ressources, ils s'ingéniaient en combinaisons pour les faire durer jusqu'au terme du voyage.

Enfin on arrive à l'Isle. Maman nous a raconté ses impressions, lorsqu'assise dans le parloir du Couvent, elle attendait sa sœur. Le cœur lui battait. Comment sera-t-elle ? Quel accueil recevrai-je ? Elle fut bientôt rassurée par la présence et l'affection de cette bonne sœur et dès lors l'amitié la plus vive et la plus sainte unit ces deux cœurs délicats, bien faits pour se comprendre. On fit aussi des excursions agréables dans les environs ; les souvenirs historiques et littéraires se pressaient dans cette mémoire toute fraîche et bien ornée et y excitaient mille sensations vives, mille poétiques émotions.

Au retour, on n'oublia pas l'arrêt convenu à Fontainebleau.

Avec quelle impatience les voyageurs y étaient attendus ! Les deux sœurs, vives et gaies, s'entretenaient sans cesse de leurs nouveaux parents dont elles raffolaient. La tante Puech resserrait consciencieusement dans un buffet tout ce qui lui paraissait le meilleur en disant à son entourage : ce sera pour eux !

— Enfin, ma chère, disait plaisamment Ophelle à sa cousine, il était temps que vous arriviez ! car maman ne nous laissait plus goûter à rien de bon !

La jeune dame Machy fit le plus charmant accueil à ses visiteurs ; on se sépara enchantés les uns des autres se promettant de se revoir bientôt. Ophelle qui était la plus libre — car sa sœur était déjà retenue par les devoirs de la maternité — ne manqua pas d'aller passer quelques bons moments à Versailles. Une franche amitié, la verve intarissable d'Ophelle rendirent ces visites fort agréables. Longtemps après, les deux cousines riaient aux larmes au récit des bonnes parties qu'elles avaient faites et au souvenir d'un certain manoir où deux volumes figurés des Pays-Bas avaient été témoins de scènes désopilantes, dignes de Molière.

IX

Cependant le souffle poétique commençait à animer cette jeune âme... C'était un don de famille. On se rappelle que l'oncle Mazas était un vrai poète ; M. Puech, père de notre héroïne, s'était fait remarquer dans toutes les villes qu'il avait habitées par la facilité avec laquelle il improvisait et écrivait des vers élégants sur les albums des dames ; son frère Auguste composait aussi des poésies fort agréables que je regrette de n'avoir pu retrouver.

Un de ses plus jeunes frères qu'elle tourmentait un jour pour lui faire une improvisation, écrivit ce quatrain délicat :

> Les anges sont, dit-on, aux Cieux
> Et ne s'égarent point sur terre :
> Moi je suis certain du contraire
> Quand j'ai ma sœur sous les yeux.

Sa première composition à elle — essai encore imparfait — fut dédiée à la Très Sainte Vierge : elle y épanche son cœur, ses peines et ses espérances.

Elle est intitulée : « Une mère pour l'Orphelin » et porte la date du 19 Décembre 1854.

Ici-bas, pauvre enfant, dans ce lieu de souffrance,
Des noms tu ne sais le plus beau.
Le ciel te l'a ravi dès ta plus tendre enfance
Ce don qu'il nous fait au berceau !

Mais Dieu t'a-t-il laissé sans appui sur la terre,
Ce Dieu qui ne fait rien en vain
Qui se plaît à entendre, à bénir la prière
Surtout de l'enfant orphelin !

O douce religion, qui calme les alarmes
Qui cherche les douleurs pour toujours consoler,
Viens à l'enfant qui pleure et fais sécher ses larmes
En lui montrant au ciel une mère à aimer.

Une mère à aimer ! Quelle est-elle ? ô Marie,
C'est vous dont le doux nom fait tant de bien au cœur,
L'âme en le prononçant se sent tout attendrie
Et pleine d'espérance et pleine de bonheur.

L'orphelin l'a compris... désormais chaque jour,
Devant le saint autel que pare son image,
Il lui consacrera ses pleurs et son amour,
Et la Vierge en retour donnera le courage.

Nautonnier confiant ta fragile existence
A un esquif léger bien plus fragile encor,
Toujours battu des vents, c'est ta seule espérance
« Etoile de la mer, ramène-moi au port. »

De la femme pleurant près d'un lit de misère
Où son fils bien-aimé gémit sous la douleur,
Elle accepte le vœu, car elle aussi fut mère
Et bientôt parmi eux reparaît le bonheur.

Timide fille, ô toi ! qui marches sur ses traces
Qui délaisses le monde en te donnant à Dieu,
Pourrais-tu bien compter les grâces efficaces
Que la Vierge sublime obtient pour toi des Cieux.

O Vierge immaculée, entends notre prière,
Ton pouvoir près de Dieu égale tes vertus :
Fais qu'à la fin des temps secouant la poussière,
De l'immortalité nous soyons revêtus.

Les trois suivantes sont dédiées à Mme Cauyette.

Dans la première « Près d'un berceau » elle raconte les joies et dépeint les craintes et les espérances de la jeune mère.

La seconde « La Guérison » est un hymne d'actions de grâce pour la guérison de cette amie si chère.

La troisième « Le Premier-Né » narre d'une façon délicieuse le départ du petit ange pour le ciel. Cette poésie rappelle beaucoup celle de Reboul, intitulée « L'Ange et l'Enfant » et qui se termine ainsi : « Pauvre mère, ton fils est mort ! » On remarquera combien la fin de celle-ci est plus consolante.

PRÈS D'UN BERCEAU

Je n'avais pas vingt ans, qu'exauçant ma prière
Après un an d'hymen et d'un parfait bonheur,
Le ciel m'avait donné ce nom si beau de mère
Dont auprès d'un berceau je goûte la douceur.

A vous aussi, mon Dieu, il est cher ce bel ange
Que vous me confiez pour lui parler de Vous ;
Ah ! que ses premiers mots soient des mots de louange
Pour le Dieu tout puissant qu'on adore à genoux!

O petit bien aimé ! ton cœur est plein de grâce
Et tu ne connais pas ton état précieux.
A moi donc de garder ce trésor efficace
Qu'en un jour solennel t'ont prodigué les Cieux.

Je te conserverai ta robe d'innocence
Dont rien encor n'a pu altérer la blancheur ;
J'écarterai le mal, pour que ton existence
Soit pleine de vertus, ce qui dit de bonheur.

Tu grandiras ainsi sous les yeux de ta mère
Qui développera les trésors de ton cœur.
Aidé de ses conseils, aidé de sa prière
Il deviendra un jour le repos du Seigneur.

Oui, je te vois, mon fils, tu as douze ans à peine,
Et le plus beau des jours vient de luire pour toi :
Prosterné à l'autel où ta foi n'est pas vaine
A ton cœur Dieu s'unit pour la première fois !

Oh ! puisses-tu garder pour les heures d'orage,
Un parfum embaumé de ce céleste jour
Qui ranime ta foi, relève ton courage
Et te rappelle au temps d'espérance et d'amour.

Car ils viendront ces jours de danger et de lutte
Où le monde enchanteur fait entendre sa voix :
Comme beaucoup, mon fils, craindras-tu d'être en butte
A son sarcasme amer, renieras-tu la Croix ?

Mais qu'ai-je dit, Seigneur ? oh non, j'ai l'espérance
Qu'à ton culte mon fils toujours sera dévoué ;
Fais que tout jeune encor, je jette la semence
Qui doit germer un jour pour l'immortalité.

25 Décembre 1854.

LA GUÉRISON

Quand une longue maladie
Nous fit tous craindre pour ta vie,
Agenouillée au Saint autel
Où pour nous attend l'Immortel,

A ses pieds je versais mon âme
Tout abîmée dans sa douleur,
Quand une douce et pure flamme
Vint ranimer mon pauvre cœur ;
Et du fond du Saint Tabernacle
D'où partent les divins oracles :
« Adresse ta plainte à mon Cœur
« Qui soulage la peine amère
Dit à mon âme le Seigneur,
« Invoque-le, crois et espère. »

Et par ce Cœur Sacré, je demandai tes jours
En promettant à Dieu de le servir toujours.
Tu sais s'il m'exauça... tous te croyaient perdue.
Trois mois après pourtant, ta santé revenue
Prouvait et la puissance et la bonté de Dieu,
Et tu le bénissais encore dans le Saint Lieu !
Maintenant tu lui dois deux fois ton existence :
Ne l'oublions jamais ; de ta reconnaissance
Il demande l'encens à chaque nouveau jour,
Avec ta confiance et ton parfait amour.

20 Mars 1855.

LE PREMIER-NÉ

Dix mois étaient son âge et déjà son sourire
Avait pu consoler de longs jours de douleur,

Quand l'ange en descendant du souverain empire,
Frappé de sa beauté, de son air de candeur,
Lui dit : « Viens avec moi, cher ange de la terre,
» Car ta place est déjà au séjour éternel :
« Là-haut pas de douleur, toujours joie et prière. »
Et deux anges alors s'envolèrent au Ciel !

O petit nouveau-né ! ta part est large et belle,
Car des maux d'ici-bas pour toujours exempté,
Tu te joues dans l'espace, et ton âme immortelle
De la paix du Seigneur jouit pour l'éternité.
Mais ta mère est restée, elle cherche et t'appelle
Et tu ne réponds pas à ses cris de douleur ;
Dans ses rêves, la nuit, parais et lui révèle
Ce que de consolant pour elle a ton bonheur.

Viens avec ton visage éclatant de lumière,
Avec ton vêtement de l'immortalité ;
Déploie ton aile blanche à son regard de mère,
Montre-lui la couronne ornant ton front aimé.
Dis-lui : « Moi dans le ciel en chœur avec les Anges
M'abreuvant à longs traits de la félicité,
Du grand Dieu tout-puissant je chante les louanges
Mère, console-toi, ici j'aurais pleuré. »

Octobre 1855.

X

En l'année 1854 un assez grand changement se produisit dans l'existence de notre chère héroïne.

Le 23 février elle perdit le vénérable M. Leroy qui emporta les vifs regrets de tous ceux qui l'avaient connu.

Voici ce que nous dit le Petit Journal sur ce sujet :

Lundi, 20 Février 1854. — Voyage à Paris chez mon oncle. Je l'ai trouvé très mal. Il me serait impossible de dire ce que j'ai ressenti en voyant cette figure pour la dernière fois.

Jeudi, 23. — Mort de mon oncle.

Vendredi. — Jour plein de tristesse. A 7 heures Mme d'Artois est venue nous voir ; comme ma tante ne recevait pas, j'ai causé longtemps avec elle. Elle m'a embrassée en me disant : « Vous savez combien je vous aime ! »

Samedi. — Nous sommes parties pour Paris et nous avons assisté à la Messe d'enterrement.

Après cette cérémonie si triste, nous avons retrouvé M. Mésiasse et nous avons dîné chez lui. Puisque je ne peux plus rien faire sur terre pour le bonheur de mon oncle, j'ai promis sur sa tombe de rendre ma tante aussi heureuse que possible en souvenir de lui, et de me conduire saintement de manière à le retrouver et à louer Dieu avec lui toute l'éternité. Puisse sa bénédiction descendre toujours sur moi, son inspiration me diriger, et son souvenir ne me quitter jamais, et du haut du ciel où ses vertus l'ont introduit, puisse-t-il obtenir des grâces de salut pour moi ainsi que pour ma tante !

Par son testament, M. Leroy assurait une petite aisance à sa sœur et une dot de vingt mille francs à sa nièce adoptive, Hermance Puech.

La bonne tante Mazas pensa donc très sérieusement à marier « sa fille » comme elle se plaisait à l'appeler.

Dans ses confidences sur sa jeunesse, épanchements que nous obtenions rarement, comme je l'ai déjà dit, maman nous a avoué que son attrait était alors pour la vie religieuse; mais, âme dévouée et délicate, elle pensa que son devoir était plutôt d'entourer de ses soins cette parente qui lui avait servi de mère, et sans hésitation comme sans enthousiasme, elle accepta l'idée du mariage.

25 Juillet 1855.

O ! je vous prie du fond du cœur, Cœur sacré de Jésus que j'aime tant ! aidez-moi et sauvez-moi maintenant. Donnez-moi une vocation qui puisse rendre ma tante heureuse. Je vous le demande aussi par l'intercession de Marie et je fais vœu de dire mon chapelet pendant six mois en actions de grâces.

O inspirez-moi, mon Dieu ! Je mets toute ma confiance en vous seul... Parlez-moi.

26 Décembre.

Du fond de mon cœur, ô mon Dieu! je vous demande d'avoir pitié de moi.

Vous me connaissez mieux que je ne me connais moi-même... envoyez-moi où vous voulez; mettez-moi donc dans la position où vous désirez me voir. O Dieu miséricordieux! malgré mon indignité, encore une fois, ayez pitié de moi! Puisse ma tante devenir heureuse par mon bonheur!

Je demande beaucoup, mais en raison de votre puissance, puis-je demander trop? Oh! par l'intercession de Marie, la sainte Vierge, par la tendresse infinie du Sacré-Cœur de Jésus, mon espérance, envoyez-moi ce que voulez et ce qu'il me faut, pour votre gloire et mon salut!

Vœu. — Six communions et chapelets en actions de grâces.

On remarquera la facilité de cette âme simple et pure à faire des vœux dont elle s'acquittait du reste avec la plus scrupuleuse exactitude, bien différente des âmes timorées qui craignent toujours de s'engager vis-à-vis de Dieu.

31 Décembre, 10 heures du soir.

L'année est passée encore. — Suis-je plus avancée dans la voie du salut? Quelle réponse ferai-je? O Dieu miséricordieux, ayez pitié de moi! Je suis triste de mes peines personnelles et d'autres choses encore.

O vie! que tu es amère! mais tu es une épreuve et tu passeras!

En vous et en vous seul, ma vérité, mon espoir! je

me confie pour l'avenir et en particulier pour cette année qui m'est inconnue.

Si vous permettez que je me marie, que ce soit suivant votre volonté et votre divin Cœur, pour votre gloire et mon salut. Ne le permettez pas autrement, ô mon Dieu !

Dirigez-moi, inspirez-moi à tout moment, et pardonnez-moi tous mes péchés, ô Dieu plein de miséricorde!

Donnez-moi les vertus, changez-moi. Faites que je vous sois enfin agréable et que je réponde à vos faveurs afin de vous bénir durant l'éternité.

Remerciements pour toutes les grâces que vous avez versées sur moi. Puissé-je ne pas les oublier un seul moment !

25 Janvier 1856.

Aujourd'hui j'ai fini ma neuvaine pour obtenir de Dieu qu'Il m'éclaire et fasse en moi sa sainte volonté. J'ai eu le bonheur de communier.

Bien embarrassée pour mener à bonne fin une entreprise aussi délicate que le mariage de sa nièce, la bonne tante songea à s'appuyer sur son cousin Mésiasse : il était depuis longtemps dans les affaires, avait beaucoup de connaissances tant par lui-même que par la famille de sa femme.

Resté veuf après deux ans seulement de mariage, il avait pris chez lui sa nièce Aline pour avoir soin de ses deux petites-filles.

Il accueillit très cordialement sa cousine Mazas et se mit consciencieusement à l'œuvre pour trouver des prétendants convenables... Il y eut plusieurs entrevues; mais, disait plus tard maman, la Providence ne me destinait pas à eux, car aucun ne me plut.

Alors le cousin Léonce se prit à penser qu'il pourrait aussi se mettre sur les rangs : toutefois il usa de la plus grande discrétion, tant à cause de la différence d'âge assez considérable, que de ses deux petits enfants dont la responsabilité pouvait effrayer une jeune femme.

Il ne savait pas encore que pour cette âme d'élite ce qui aurait éloigné les autres était un attrait : le dévouement commençant dès le jour du mariage, les soins à prodiguer à d'aussi jeunes orphelines, un cœur aimant à réconcilier avec la vie...

Il se contenta de faire ses visites à Versailles plus longues et plus fréquentes, de s'y montrer plus affectueux. Il emmenait d'ordinaire son aînée, âgée de quatre ans qui, sans s'en douter, aidait beaucoup aux projets de son père.

Vive, intelligente, aimante, elle avait une passion pour « sa cousine Hermance » et lui prodiguait les témoignages de sa naïve tendresse qui trouvait aisément un écho dans le cœur délicat de la jeune fille.

Un peu surprise de ce changement de manières, la bonne tante s'en ouvrit un jour à sa fille et, avec sa vivacité toute picarde, elle ajouta : « Il faut absolument que j'aille trouver Léonce et que je sache quelles sont ses intentions. »

En vain la jeune fille protesta-t-elle contre cette brusque solution, disant qu'il serait préférable de laisser son cousin faire les premières ouvertures, la pétulante nature de la bonne tante ne se prêtait pas à des hésitations et, sans rien écouter, elle prit la voiture qui alors conduisait à Paris.

Sans le moindre embarras, elle posa la question à son cousin qui, non moins simplement, lui avoua son vif désir de se donner une charmante compagne et une seconde mère à ses enfants.

La bonne tante très satisfaite rapporta la réponse à sa fille : nous laissons à celle-ci la parole pour nous faire connaître ses sentiments :

Samedi, 16 Février 56. — Ma tante a été à Paris pour savoir comment allait Laure qui était malade, et à son retour elle m'a raconté ses explications avec M. Mésiasse. O mon Dieu ! par la sainte Communion que je recevrai demain, par votre Cœur sacré, envoyez-moi vos lumières... que je connaisse votre volonté !...

Jeudi. — Visite de M. Mésiasse seul ; il a déjeuné avec nous.

2 Mars 56.

Je suis revenue ce matin de Paris où nous avons passé trois jours. Que de choses pendant ce temps ! Tout est arrangé...

Je vous ai toujours demandé force et lumière... Ne permettez pas que je me trompe, ô mon Dieu ! et puisque vous m'envoyez une si belle tâche, donnez-moi toutes les grâces pour l'accomplir toujours en vue de votre gloire et de mon éternité. Augmentez en moi, ô mon Dieu, l'amour du bien.

3 Mars.

Je suis mieux aujourd'hui et entièrement persuadée que tout ce qui arrive est la véritable volonté de Dieu sur moi; ô mon Dieu! donnez-moi votre grâce afin que je devienne entièrement suivant votre cœur, que je vous aime par-dessus tout et que chaque jour je remplisse mes devoirs de manière à mériter la demeure céleste.

J'ai écrit toute la journée et fait des visites. J'ai reçu des témoignages touchants d'affection de M. Prosper, Virginie, Sophie, Fanny, Mme d'Artois, de tous enfin. Merci, mon Dieu, de m'avoir donné tant de personnes pour m'aimer.

A la même date nous trouvons cette poésie :

ATTENDRE TOUT DE DIEU.

Mon Dieu! depuis longtemps ma pauvre âme souffrante,
Aspirant à la vie et même au dévouement,
Vous contait ses besoins d'une voix suppliante
Et vous disait : « O Père! écoutez votre enfant!
Mieux qu'elle vous savez ce qui lui est utile,
Daignez donc lui parler comme au jeune Samuel,
Votre voix entendue, elle sera docile
Ne voulant qu'un chemin pour la conduire au ciel. »

Puis ces jours, en mon âme la lumière se fit.
Le chemin attendu à mes regards s'offrit!
Place vide à remplir... c'est celle d'une mère
Que la mort enleva même avant d'être chère

A deux filles, hélas! presqu'encor au berceau.
Mon cœur se dilata à cet aspect nouveau :
Vivre pour rappeler des vertus couronnées,
Consoler un époux blessé par la douleur,
Soigner, instruire, aimer des enfants affligées,
Ah! n'y aura-t-il pas une part de bonheur?
Je l'accepte, ô mon Dieu, cette tâche sublime,
Je la prends de vos mains, car elle vient de vous;
Mais pour la bien remplir qu'un noble but m'anime :
Celui de votre gloire et du salut de tous.

3 Mars 56, minuit 1/2.

Disons en passant que l'oncle Leroy avait désiré cette union, qu'il s'en était ouvert dans l'intimité, sans toutefois en parler à sa nièce pour ne pas influencer ses décisions. Mais lorsque, plus tard, elle sut le sentiment de cet oncle qu'elle vénérait, ce fut pour elle une manifestation de la volonté de Dieu même, et un grand repos d'esprit.

Dès lors les visites se multiplièrent. La petite Clémentine était folle de joie en répétant : « Je vais avoir une petite mère! » Tout le monde étant heureux et d'accord, les choses marchèrent assez vite et le mariage fut fixé au 12 avril.

XI

Dans l'ordre des faits, je dois placer d'abord le mariage de son plus jeune frère Narcisse, qui eut lieu en 1855 et dont elle fut l'initiatrice.

Elle avait conçu le désir d'unir ce frère, établi à Sétif et qu'elle ne connaissait pas encore, avec sa cousine Ophelle, devenue son amie.

Nous lisons dans son journal :

1er Mars 1855.

J'ai été passer la soirée chez Mme de Lausun : elle est venue me reconduire et pendant le chemin nous nous sommes fait des confidences. Je lui ai parlé de ma famille et de nos projets sur ma plus jeune cousine.

Le jeune homme auquel ce projet souriait arrive à Versailles dans le courant de 1855. Un peu plus petit que ses frères, il leur ressemblait beaucoup de physionomie et de caractère. La connaissance fut bientôt faite entre le frère et la sœur.

La fiancée, très désireuse de se faire une idée de son futur, écrivit, pour avoir quelques détails, à sa cousine Hermance en qui elle avait toute confiance et dont la véracité était proverbiale dans la famille.

Celle-ci se permit cependant pour une fois une petite malice.

Elle répondit à l'impatiente Ophelle que son futur

était très grand, avait un aspect extraordinaire et ressemblait tout à fait à un Africain.

Je vous laisse à penser combien la pauvre fiancée laissa errer son imagination sur ce tableau peu rassurant et quelle joie elle éprouva de se trouver agréablement déçue!...

On se plut de suite de part et d'autre, et, les noces terminées, le nouveau ménage partit pour Sétif.

31 Août 1855.

Narcisse est arrivé mercredi pour nous voir; il est resté hier et est parti ce matin pour Paris. Il m'a donné une montre, charmant garçon!

Lundi, 3 Septembre.

Départ pour Fontainebleau. — Le mariage s'est arrangé. — Bien agréable voyage. — Parties en forêt.

Dimanche 23.

Hier nous sommes revenus de Font... Voilà de bonnes journées passées.

Nous avions quitté Versailles jeudi dernier et en arrivant je trouvai Hippolyte à Font... et nous causâmes ensemble dans le jardin.

Délicieux moments de bonheur fraternel! ô mon Dieu! merci de votre bonté envers vos enfants. Je m'abandonne à vous; prenez soin de moi toujours, jusqu'à ce que je me repose en vous.

Lundi 24. — Aujourd'hui Hippolyte, Louis, Narcisse, Ophelle, tante Puech et René sont arrivés à 4 heures.

Nous avons été faire visite à M. Barthélemy et ensuite nous avons dîné chez Mme Jomard.

Nous nous sommes fait nos adieux avec Narcisse et Ophelle.

Jeudi 27. — Ce soir départ d'Hippolyte. Il m'a fait ses adieux. Louis est venu dîner avec nous. Charmante journée : nous avons été faire une promenade dans le bois tous trois : Merci, mon Dieu !

XII

Le commencement de 1856 fut employé en préparatifs de noces qui toutefois ne troublaient aucunement l'esprit et le cœur de la future épouse. Elle éprouvait quelques regrets de s'éloigner de ses chères amitiés, de quitter cette ville belle et tranquille où s'était passée son enfance, et l'Église St Louis qui eut toujours ses préférences, parce qu'elle y avait fait sa Première Communion.

Ces sentiments lui inspirèrent trois poésies : « Les Adieux » dédiés à Sophie Croiset et à Justine Saucour; « Souvenir » adressé à Mathilde de Lausun en lui offrant un présent et « Adieux à Versailles. »

LES ADIEUX.

Je vais donc vous quitter Justine et vous Sophie
Près de qui j'ai passé des moments si heureux !
L'habitude rend froid... au départ je m'écrie :
Oh ! combien je vous aime en faisant ces adieux.

Lundis et mercredis nous voyaient réunies !
Mon cœur, toujours pour vous rempli d'effusion,
Sentait si vivement entre vous deux, amies,
Qu'il n'est de vrai bonheur que dans l'affection !

Et maintenant de vous je vais vivre éloignée.
Ah ! du moins laissez-moi cette douce pensée
Qu'en vous voyant, parfois, vous parlerez de moi.
Souvenir, n'est-tu pas, pour toute âme élevée
De l'amitié la preuve et sa plus douce loi ?

21 janvier 1856.

SOUVENIR

Que ce aible présent par l'amitié offert
Vous rappelle souvent, ô chère et douce amie,
Que nous fîmes à deux quelques pas de la vie
    Dans un touchant concert.
Pourriez-vous oublier ces jours, cet heureux temps,
Rempli par les travaux, l'étude et si souvent
Par de doux entretiens, d'intimes causeries :
Nos âmes s'épanchant se trouvaient si unies !
Recevez maintenant au moment des adieux
Mon amitié si tendre et mes sincères vœux.
Le plus cher d'entre tous est qu'à l'affection
Nous ne puissions jamais cesser d'être fidèles.
Disons-nous au départ pour consolation
Mathilde, des amies nous serons les modèles ;
Je compte tant sur vous que dans mes tristes jours,
Quand mon ciel sera sombre et tout chargé d'orage,
Je veux, pour me donner vigueur, force et courage,
A votre souvenir me reportant toujours,

Pouvoir dire : Il est vrai, nous vivons séparées,
Mais par des nœuds sacrés nos âmes sont liées ;
Quand on a une amie, il n'est point de douleur,
Car se sentir aimé : là est tout le bonheur.

16 mars 1856.

ADIEUX A VERSAILLES

Le moment est venu de te quitter, Versailles,
Et cette heure pour moi est pleine de douleurs.
Ah ! toi qui m'abritas quinze ans en tes murailles,
Pourrais-je aller au loin sans te donner des pleurs ?
Et d'abord en ton sein j'ai coulé mon enfance,
Ce doux âge où la vie est un livre fermé ;
Peu soucieuse alors de crainte ou d'espérance,
Sans soin de l'avenir, sans regret du passé,
Je goûtais le bonheur.... tu vis mes jeux bruyants,
Mes courses dans ton parc et mes joies innocentes ;
Puis mes premiers travaux ; ah ! que d'heures char-
[mantes !
Et ces chagrins légers qu'on croit alors si grands !
Plus tard vint un beau jour, le plus beau de la vie,
O de mes souvenirs le plus pur, le plus cher !
J'avais alors douze ans, cette époque bénie
Où conduit par l'amour, à l'espérance ouvert,
L'enfant si faible encore, éclairé par la foi,
Ose s'unir à Dieu pour la première fois.
Ah ! Pourrais-tu jamais cesser de m'être chère
Cité ! où j'ai goûté les charmes du Seigneur,

Où le ciel m'a comblée en tendre et bonne mère
De tout ce qui dilate et fait du bien au cœur ?
Tu connus mes chagrins, alors que jeune fille,
Triste, j'étais souvent rêvant à l'avenir,
Et que la religion, l'étude et la famille
Etaient les aliments qui pussent me nourrir
Merci, ton sol pour moi fut fécond en amies.
Tu m'en donnas beaucoup : elles étaient choisies.
Ah ! que je fus heureuse en ces affections !
Atmosphère élevée, à mon esprit propice,
A votre pur contact, mon âme encore novice
S'est formée, agrandie. Douces émotions !
Amour du beau, du bien ! Et vous, bonnes soirées,
Pour ennoblir mon cœur par le ciel accordées,
Recevez aujourd'hui mes plus tendres adieux.
Que votre souvenir m'accompagne en tous lieux !
Autres affections, position nouvelle,
Devoirs et dévouement auxquels mon Dieu m'appelle,
De tout ce que j'aimais vous venez m'arracher :
A vous de me suffire, de me tout remplacer.
Mais quel que soit pourtant l'avenir qui s'apprête,
Heureux ou malheureux, ce seront jours de fête
Ceux où je reviendrai dans tes murs si chéris,
Versailles, respirer l'air pur de ma jeunesse,
Prier dans ton Eglise ; et près des cœurs amis,
Dissiper, s'il le faut, et soucis et tristesse.

1ᵉʳ Avril 1856.

Son journal nous fait un tableau saisissant de l'élévation de ses pensées sous ce titre :

MON DERNIER DIMANCHE DE JEUNE FILLE

9 heures du soir.

Quelques jours encore et ma vie de jeune fille sera terminée. — Quelques jours encore et ma liberté sera engagée pour toujours. — Quelques jours encore et une nouvelle vie commencera pour moi, vie qui demandera certainement, de ma part, souvent du dévouement, du courage, de la force morale.

Je suis parfaitement calme et j'en suis satisfaite.

Je fais ce mariage, parce je suis persuadée, (autant qu'il est possible de l'être) que c'est la volonté de Dieu sur moi.

Je ne le fais ni pour les avantages de la position, ni pour aucun motif humain ; mais je remercie Dieu de m'avoir montré une voie où je pourrai, chaque jour, gagner beaucoup pour le ciel.

Force, courage descendront du ciel sur ma tête, si j'y élève mes regards....

La pensée que j'agis pour obéir à Dieu me sera un grand soutien.

Oh ! puissé-je aimer Dieu, mes devoirs, par dessus tout.... et si je trouve, par hasard, quelque fleur sur ma route, puissé-je ne pas la cueillir sans penser aux épines plus nombreuses que je dois accepter en vue de mon éternité !

Faire le sacrifice de sa volonté — penser peu à soi et toujours aux autres — être indulgent pour tous, surtout pour les absents et les faibles. — Aimer le prochain pour l'amour de Dieu... c'est le sûr moyen de bien faire et de ne pas se tromper sur le but de la vie. Rendre l'existence agréable à tous ceux qui nous entourent — n'attendre rien en retour de ses sentiments, de son affection, de ses soins.... sinon de Dieu seul — s'humilier en toutes choses, — s'ennoblir toujours, que ce soit ma ligne de conduite. O Dieu ! par votre divin Fils et son Cœur Sacré, donnez-moi votre grâce sans laquelle je ne puis rien.

L'aurore du 12 avril se leva enfin.

La jeune fiancée, pieuse et recueillie comme toujours, en pleine possession d'elle-même, se leva de bonne heure et appuyée sur la fenêtre de sa chambre de jeune fille, elle composa les vers suivants qui traduisent bien ses sentiments :

12 Avril 1856, 7 heures du matin.

Quelques moments encor et l'heure sonnera
Qui doit au saint autel unir ma vie entière
A un époux chrétien que le Ciel m'envoya.
Lui qui va recevoir l'affection première,
Et sera après Dieu le repos de mon cœur,
Je remets en ses mains le soin de mon bonheur.
A lui mon dévouement et mes soins les plus tendres.
Ah! puisse-t-il sentir, ah! puisse-t-il comprendre
Ce que pour ses enfants je ressens en ce jour!
Oui je veux les aimer d'un maternel amour!
Le Seigneur a tout fait, oui c'est bien son ouvrage;
Car je l'ai tant prié! Puisse ce mariage

Par lui être béni... C'est mon plus doux espoir.
Alors je marcherai pleine de confiance
Dans le sentier si sûr du plus ferme devoir.
Par la foi éclairé, et nourri d'espérance
Les jours les plus mauvais ne peuvent accabler.
Puis viendra un moment, après tâche remplie,
Où le Seigneur dira : Toi qui as su prier
Travailler et souffrir, m'étant toujours unie,
Je t'emmène avec moi dans les splendeurs du Ciel
Y goûter à jamais le bonheur éternel.

Puis elle fit sa toilette et attendit les voyageurs : son futur avec sa fille aînée, et son frère Hippolyte. Ceux-ci éprouvèrent en route un léger accident qui les força à attendre plus d'une heure et demie à une station ; ce fut une cause d'inquiétude de part et d'autre, mais tout fut bientôt oublié. La petite Clémentine se jeta au cou de celle qu'elle appelait depuis longtemps « ma petite mère » et s'accrochant aux plis de sa robe blanche ne la quitta pas une seconde pendant la cérémonie nuptiale qui eut lieu à Saint-Louis. Un déjeuner réunit toute la famille, et les nouveaux époux partirent dans l'après-midi pour Paris où ils retrouvèrent la plus jeune fillette, trop maladive alors pour être déplacée.

La bonne tante ne resta que peu de temps à Versailles ; elle ne tarda pas à rejoindre ses enfants à Fontainebleau où ils passèrent l'été, puis à Paris où elle demeura définitivement avec eux, dans un nouvel appartement qu'ils choisirent boulevard Beaumarchais.

XIII

Le bonheur entra dans notre maison avec cet ange gardien que Dieu nous envoyait. — Ai-je besoin de le dire ? Ceux qui l'ont connue le savent bien, et les autres peuvent le deviner aisément au programme qu'elle s'était tracé à elle-même le dernier dimanche de sa vie de jeune fille. Elle y fut fidèle !

Si l'on veut pénétrer davantage dans l'intime de ce cœur et comprendre ce qui a rendu si parfaite une vie toute simple en apparence, on peut méditer ces quelques notes prises par elle en lisant un livre qui lui avait plu, car il répondait aux secrètes aspirations qu'elle avait dû sacrifier : Le Cloître dans le monde par l'abbé Rouquette :

« Au Cloître on trouve Dieu !! »

« Aimer sa maison. — n'en sortir pas trop — la faire « agréable, quoique sans luxe, pour son mari, ses « enfants, — avoir dans son intérieur l'esprit de la « présence de Dieu. »

« Il est plus ou moins présent à un cœur selon que « ce cœur le sait mieux attirer et plus retenir. »

« Nous avons besoin de signes extérieurs qui nous « entretiennent dans cette présence ; le Crucifix, le « Chapelet... »

« Dieu en nos pensées : elles sont droites.

« Dieu en nos jugements : ils sont sûrs.

« Dieu en nos affections : elles sont chastes.

« Dieu en nos opérations : elles sont régulières, « prudentes. »

C'est sans doute cette pensée habituelle de Dieu qui donna à son jugement naturellement sain, une telle rectitude, une telle justesse d'appréciation que je ne me rappelle pas l'avoir vue se repentir d'une entreprise ou changer une résolution. Son coup d'œil sûr embrassait même parfois l'avenir, et lui faisait faire des sortes de prophéties, comme on peut le remarquer dans plusieurs de ses pièces de vers.

Sa présence avait un charme extrême et épanouissait nos cœurs. Quand j'étais enfant, je lui disais : « Tu es notre rayon de soleil » empruntant ainsi sans le savoir une image des Livres Saints.

« De même que le soleil répand la lumière et la cha-
« leur dans les hauteurs des Cieux, et semble vivifier
« la nature entière, ainsi le visage d'une femme ver-
« tueuse est l'ornement de sa maison. »

La jalousie, les calculs mesquins ne hantèrent jamais son esprit.

Souvent elle nous parlait de notre mère défunte, de sa piété, de sa douceur, et nous faisait dire matin et soir une prière pour le repos de son âme. Ayant trouvé mon père en froid avec la famille de sa première femme au point d'avoir interrompu toutes relations, elle le persuada peu à peu de nous y accompagner. Plus tard elle fit elle-même les premières démarches et diverses invitations qui furent bien accueillies, tellement qu'au moment de sa mort, nous étions, grâce à elle, dans les meilleurs termes avec la famille Girerd, et qu'elle y fut sincèrement regrettée.

Dès son arrivée près de nous, elle commença notre *éducation* dans le sens le plus élevé du mot.

Je laisse à Fénélon le soin de définir ce qu'elle entendait par ce mot :

« Quand on porte Dieu dans son cœur avec une
« piété simple, forte et aimable, alors on parle peu, et
« on dit beaucoup : on ne s'agite point, et on fait tout
« ce qu'il faut ; on n'use point d'adresse, et on per-
« suade ; on ne gronde point et on corrige ; on n'a
« point de hauteur et on exerce la vraie autorité ; on
« est patient, modéré, accessible, affable, mais aussi
« décidé et jamais ni mou ni flatteur. »

Exercer une véritable autorité et en même temps attirer les cœurs par la persuasion ; c'est un système d'éducation qui ne se peut puiser que dans le cœur de Dieu, car Dieu seul l'enseigne et le pratique à la fois.

Mais passerais-je sous silence les soins matériels et de chaque instant dont nous entoura cette excellente Mère ?.. Ce serait une bien grande ingratitude de ma part surtout.

Petite, chétive, habituellement malade et couchée la plus grande partie du temps, ce fut grâce à des précautions infinies que je devins grande, forte et toujours allante. Sous ce rapport je lui dois autant la vie qu'à ma mère suivant la nature.

Ses préoccupations ne cessaient pas durant le sommeil; la plus légère agitation, la plus insignifiante maladie d'enfant, l'arrachait à son repos pour l'amener près de nos petits lits, et ses soins nous étaient si agréables que nous nous faisions une fête des indispositions qui nous forçaient à rester couchées quelques jours... On était si choyée, si entourée alors ! Que de petites industries pour faire passer le temps ! Que de jeux inventés, de belles histoires racontées !

XIV

Mais reprenons un peu l'ordre chronologique.

L'été qui suivit le mariage se passa à Fontainebleau, dans un appartement garni. On renoua connaissance avec l'excellente famille Machy ; on fit force excursions dans la forêt — les fillettes hissées sur des cacolets adaptés au dos d'une jolie ânesse, nommée Lisette.

L'air de la forêt fût si favorable aux santés, les promenades parurent si plaisantes, que mon père acheta dès lors une maisonnette rue des Petits Champs pour y revenir chaque année passer la belle saison.

Voici encore deux extraits du Journal de maman pendant cette année 1856 :

15 Mai — Je suis à Font... dans mon salon et j'écris des lettres. Clémentine, ma fille ainée, est charmante. Elle m'a dit pendant que je l'habillais : ma petite maman, tu es faite pour être embrassée ; je t'aime tant que jamais tu ne pourras le savoir.

26 Août. — Nous avons fait un voyage ; nous sommes allés à Boulogne après la noce d'Eugène (Domart). Nous avons fait une promenade en mer dont j'ai été fort satisfaite. — Nous avons vu une magnifique procession à Boulogne.

Deux poésies portent à peu près les mêmes dates : l'une est composée pour Clémentine et l'autre pour la fête de papa :

Charmante enfant qui as cinq ans à peine,
Toi que Dieu m'envoya pour t'aimer, te chérir,
Te chérir et t'aimer non d'une amitié vaine
Qui ne sait rien donner et encor moins souffrir,

Mais de cet amour vif, dévoué et sincère
Que rien n'altère et ne peut ébranler,
Que Dieu a réservé pour le cœur d'une mère :
Ainsi ma bonne enfant, ainsi je veux t'aimer.

Ainsi je veux t'aimer pour guider ta jeunesse
Dans le sentier du bien où l'on marche content
Pour de ton front serein écarter la tristesse,
Dissiper le nuage, embellir ton printemps.

Ainsi je veux t'aimer, instruisant ton enfance :
Et quel charme pour moi ces leçons n'auront pas ?
Quand, causant avec moi, ta jeune intelligence
Pour comprendre et jouir sous mes yeux s'ouvrira.

Ainsi je veux t'aimer pour préparer ton âme
Au céleste banquet où te conviera Dieu,
Et obtenir de lui qu'un rayon de sa flamme
En descendant sur toi te prédestine aux Cieux.

Ainsi je veux t'aimer pour être ton amie
Quand jeune fille alors ton cœur s'épanchera,
Pour écarter de toi les ronces de la vie,
Car te voir déchirée... oh! je n'y tiendrais pas.

Et toi tu m'aimeras, ma bonne Clémentine,
La joie et l'amitié, je les attends de toi
Car de ta douce voix si pure et argentine
Entendre quelques mots, l'expression de ton cœur,
Cela me suffira et sera mon bonheur
    A moi !.....

15 septembre 1856.

FÊTE DE LÉONCE

Il est un jour pour moi, cher et bon petit Père,
De tous ceux qu'en l'année accorde le bon Dieu,
Que j'appelle, désire, et hâte de mes vœux,
Car de beaucoup je le préfère.
Et ce n'est pas pourtant, comme tu pourrais croire,
Un de ceux où maman reposant ma mémoire
Met trêve à mes leçons et me dit de jouer,
Car de cela aussi je sais me fatiguer.
Ce n'est pas même encor le beau jour de l'année
Où de bonbons, joujoux je me trouve comblée;
Celui dont je te parle a bien plus de douceur
Et d'une tendre joie inonde tout le cœur.
Ce jour, c'est aujourd'hui, c'est le jour de ta fête,
Et pour la célébrer chacun de nous s'apprête
A saluer ton nom, à t'offrir ses souhaits,
Car maintenant plus de mystère.
Ah! que n'ai-je pour toi les plus jolis bouquets?
Mais ma mère m'a dit : « Pour fêter un bon Père

Je connais une fleur au parfum sans égal
Dans le jardin de la famille :
De ta sœur et de toi, c'est l'amour filial.
Va mon enfant, crois-moi, de la main de sa fille
C'est le plus doux présent qu'il puisse en recevoir!

Novembre 1856

XV

Au commencement de 1857, mon père entreprit un voyage en Algérie pour faire connaissance avec les frères de sa femme et tâcher de leur être utile dans leurs affaires.

Il prit au passage mon oncle Hippolyte, alors sur les frontières de la Suisse; tous deux allèrent visiter la bonne tante saint Théodore et furent reçus à merveille dans le couvent; enfin ils s'embarquèrent à Marseille.

La mer fut très mauvaise et un orage effrayant mit le vaisseau en péril. Mon père, qui n'a jamais souffert du mal de mer, resta sur le pont, partagé entre l'admiration que lui inspirait ce spectacle grandiose et terrible, et le serrement de cœur que lui donnait la crainte de laisser une si jeune veuve et deux orphelines. Mais Dieu veilla sur lui, et la tempête calmée, on aborda à Philippeville.

Il n'était pas aisé à cette époque de pénétrer dans l'intérieur des terres, et les voyageurs éprouvèrent bien des péripéties et de nombreuses incommodités avant d'arriver à Sétif.

Là, ils trouvèrent les deux frères, Auguste et Narcisse, Ophelle et sa charmante petite Marguerite déjà âgée d'un an et qui faisait la joie de toute la famille. On fit bien des excursions ; mon père se mit au courant des affaires de son beau-frère et put dès lors lui servir à Paris d'intermédiaire et de correspondant.

Pendant ce temps sa jeune femme se trouvait bien isolée à Paris.

Voici ce qu'elle écrit à la veille du retour de son mari.

12 Avril, Jour de Pâques.

Anniversaire de mon mariage : Une année de ma nouvelle vie écoulée ! Une année passée depuis que j'ai engagé ma foi pour toujours !

Aujourd'hui je suis seule dans mon salon de Paris : Léonce est en voyage depuis un mois et je ne suis pas gaie, mais ma conscience est calme. J'ai promis encore une fois à Dieu de commencer une nouvelle vie entièrement consacrée à Lui et à mes devoirs.

Oh ! je vous en prie, Seigneur, donnez-moi la constance et la fidélité à mes résolutions ; que je devienne, par votre secours, une femme chrétienne suivant votre cœur ! Que je fasse chaque jour des progrès dans l'accomplissement de mes devoirs !

Ne me laissez pas à mes propres forces, car, seule, je ne puis rien ! Changez-moi pour le reste de ma vie ; donnez-moi, par votre sainte résurrection, la vertu qui fait les saints, afin que je vous glorifie toute l'éternité.

Protégez mon cher mari dans son voyage et ramenez-le bientôt près de nous par votre assistance tutélaire.

Deux jours après notre chère maman composait pour le retour du cher Père qui aimait tant le foyer domestique les vers intitulés :

C'EST DEMAIN QU'IL REVIENT

C'est demain qu'il revient ! Votre cher petit père,
Mes filles! Ah ! sautez en pensant au retour :
Un mois !.. ce fut bien long pour votre pauvre mère
Et long aussi pour vous... passé sans son amour.

C'est demain qu'il revient ! ce sera grande fête ;
Adieu donc aux soucis que l'absence apporta :
Tristesse, envolez-vous, car le jour qui s'apprête
De bonheur et d'amour tous nous inondera.

C'est demain qu'il revient ! pourrons-nous trop l'aimer !
Ah ! pour lui apprêtez votre joyeux visage,
Vos caresses d'enfants, votre plus doux baiser,
Et ces charmes heureux que posséde votre âge.

C'est demain qu'il revient ! aussi couchons-nous vite,
Du temps passé sans lui il faut hâter la fuite ;
Mais dans votre prière à Dieu n'oubliez pas,
Lui qui nous le ramène et qui guide ses pas,
De dire en répétant notre joyeux refrain :
Merci, merci, Seigneur, car il revient demain !

14 Avril 1875.

La même année elle fit deux autres poésies l'une en allant à Rueil voir son frère Louis qui s'y trouvait en garnison, et l'autre dans la forêt de Fontainebleau : Elle met ces derniers vers dans la bouche de Clémentine parlant à son père :

IN GOING TO RUEIL

Quand le soleil paraît et que l'azur des Cieux
Annonce dès l'aurore un jour pur, radieux,
Mon âme jusqu'alors engourdie et muette
Se réveille aussitôt ; haletante, inquiète,
Brisant sa lourde chaîne, elle éclate en soupirs
Et se perd et s'abîme en de vagues désirs.
Alors, elle aimerait, en dévorant l'espace,
Errer dans un bois sombre ou gravir les hauts lieux,
Puis de tous les mortels ayant quitté la trace,
Se sentir libre et fière et ne penser qu'aux Cieux :
Qu'est-ce à dire, sinon que ce ciel sans nuage,
Ce soleil qui me rit n'est qu'une faible image
De cet autre soleil qui éclaire sans fin ;
Un rappel tout divin vers ce jour sans déclin
Où Dieu, nous enivrant de gloire et de bonheur,
Aux désirs pour jamais fermera notre cœur.

20 Février 1857.

MON PÈRE

Qui depuis mon berceau me comble de tendresse,
Qui de soins amoureux entoure ma jeunesse,
Qui, jusqu'à mes cinq ans en se doublant pour moi
Me servit et de père et de mère à la fois ?
    Mon père !

Qui m'apprit à aimer Dieu et sa Sainte Mère,
Qui pour moi composa la touchante prière
Que le matin, le soir, nous faisons à genoux
Pour ceux qui ne sont plus, pour nos amis, pour nous ?

      Mon père !

Qui dans ses bras, le soir, chaque jour me prenant
Développe avec soin ma faible intelligence,
Répond à mes pourquoi, explique mes comment
Et d'une clarté douce éclaire mon enfance ?

      Mon père !

Qui me parla aussi d'un ange bon et tendre
Soufflant toujours le bien quand on veut l'écouter ;
Qui me dit : mon enfant, j'aime à te faire entendre
Qu'il est auprès de toi, ne le fais pas pleurer ?

      Mon père !

O mon Père chéri je t'aimerai toujours,
De tendresse et d'amour j'embellirai ta vie
Et quand dans bien longtemps, te viendront tes vieux jours
A mon tour te veillant, assise à tes côtés,
J'adoucirai tes maux par mes soins empressés :
Et tu pourras alors me nommer ton amie,

      Mon père !

Mai 1857, In Forest.

XVI

L'été 1857 vit notre installation à Font... rue des Petits Champs : la bonne tante Mazas occupa le second en compagnie de l'ancienne propriétaire, Mme Robillard, qui s'était réservé d'habiter encore sa maison pendant un an.

Cette saison fut très agréable : la rue était fort bien habitée : c'étaient d'abord les musiciens : le Colonel Chambouleron qui jouait de la harpe, M. Daridan qui s'escrimait sans beaucoup de succès sur un malheureux violon : l'excellente Mme Ledru, bonne pianiste, qui plaisait à tous par son entrain et l'amabilité de son caractère ; puis la famille Lagrange... Mme Greffin qui était déjà et resta toujours l'amie dévouée de Mme Machy. Enfin la bonne Mme Robillard elle-même, qui apportait aux réunions un appoint considérable de gaîté par l'originalité de ses récits.

Papa et maman donnèrent même une soirée dansante dont nous ne sûmes les détails que par ouï-dire. Nous reçûmes aussi de bonnes visites ; celle de mon oncle Auguste qui gagna vite nos cœurs d'enfants par la complaisance avec laquelle il se mêlait à nos jeux et nous organisait de petits jardins proportionnés à notre taille, et celle de tante Saint-Théodore. On avait obtenu le voyage de cette dernière afin qu'elle pût faire la connaissance de la bonne Tante : ce fut une grande fête de la voir dans la famille.

Maman, tout en continuant à se perfectionner dans les langues et la musique, poursuivait notre éducation qu'elle continua seule jusqu'en 1865, époque à laquelle elle nous fit suivre des cours de littérature, d'histoire et de musique.

Ces leçons maternelles sont restées profondément gravées dans notre mémoire : tout était réglé à l'avance et inscrit sur une feuille qui dominait la table d'étude : Elles n'étaient ni monotones ni compassées, mais toujours intéressantes, parfois au point de nous passionner.

Tous les ans, une distribution plus ou moins solennelle des prix réunissait à la famille quelques intimes. La première eut lieu en 1857 et fut très animée. René Machy avait concouru avec Clémentine. Mes talents, à moi, se bornaient à épeler.

Tante Saint-Théodore avait pris Clémentine très mystérieusement dans sa chambre pour lui faire ourler un certain petit linge à barbe qui devait figurer comme un échantillon de son travail :

Enfin maman avait composé cette gentille pièce de vers que nous récitâmes à deux avant les prix :

DISTRIBUTION DES PRIX

Clémentine :

Que le Seigneur est bon de nous faire grandir,

Ma sœur ! t'en souviens-tu : c'était l'année dernière,
Je n'avais pas cinq ans, à côté de ma mère
Ne sachant rien encore que jouer et courir
J'essayais d'épeler quelques mots bien faciles,
Et maman me disait que les enfants dociles,
Qui aiment le bon Dieu, écoutent leurs parents,
Pour apprendre et savoir ne restent pas longtemps.
Et maintenant je puis, grâce à ces bons avis,
Lire une belle histoire, écouter les récits
Si touchants et si beaux dont la Bible est remplie,
Et de Dieu adorer la bonté infinie.

Laure :

Mais moi aussi, ma sœur, je saurai bientôt lire
Et comme toi je veux apprendre avec ardeur ;
Toujours jouer, sauter et ne savoir que rire,
Ce n'est pas amusant !

Clémentine :

     Puis le jeu est meilleur
Quand on a travaillé et satisfait sa mère,
Et qu'on a vu briller dans les yeux de son père
Une larme de joie et d'orgueil paternel,
Récompense bien douce et sourire du Ciel.

Septembre 1857.

Mon père était bien ému et tous gardèrent un bon souvenir de cette petite fête de famille.

XVII

Mais comme il arrive toujours ici-bas, les tristesses étaient bien mélangées aux joies.

Le grand chagrin de ma pauvre mère, celui dont elle ne se consola jamais, commençait dès lors à pénétrer comme une épine douloureuse dans son cœur, à répandre une teinte mélancolique sur les horizons les plus riants.

Son journal nous le révèlera.

4 Octobre 1857.

Aujourd'hui je commence une neuvaine pour demander à Dieu de me rendre mère.

O mon Dieu ! bénissez-moi et donnez-moi un fils ! Je vous en supplie, toujours dans l'ordre de votre sainte volonté, car vous savez mieux que moi ce qui me convient. Je n'ai rien fait jusqu'à présent pour mériter ce don céleste, mais je veux maintenant vivre suivant votre cœur pour en obtenir cette grâce.

Pendant cette neuvaine, j'irai à la messe chaque matin ; je m'efforcerai de faire des sacrifices et des bonnes œuvres, je dirai mon chapelet tous les jours et, si vous daignez bénir mes prières, je fais vœu : « Que « durant mon bonheur je réciterai le chapelet autant

« que possible, pour mettre mon enfant sous la pro-
« tection de Marie et pour vous le consacrer ; — que
« je l'élèverai dans les sentiments de foi et de dévotion
« et que je l'abandonnerai à votre sainte volonté. »

O mon Dieu ! si ce désir n'est pas contraire à vos vues, accordez-moi cette faveur comme vous l'avez accordée à Anne et à la mère de Samson.

Vous m'avez comblée de tant de grâces, malgré mon indignité, vous avez à tout instant dirigé ma vie,... j'espère encore dans votre bonté et votre miséricorde.

Je mets ma prière sous la protection de Marie afin qu'aujourd'hui, en la fête du Rosaire, elle intercède pour moi auprès de vous.

Bénissez-moi, mon Dieu ; conduisez-moi toujours ; donnez-moi force et courage pour vivre dans la position où vous m'avez placée, afin que je gagne le ciel.

Cette page est la dernière de son Journal.

L'année suivante, la même épreuve lui fait jeter un appel encore plus pressant vers le ciel : c'est en vers cette fois qu'elle s'exprime :

« Qui habitare facit sterilem in domo matrem filiorum lœtantem. »

Et moi depuis deux ans j'attends en vain, j'espère ;
La cruelle nature, insensible à mes vœux,
Semble me refuser ce nom si doux de Mère
Nom sublime et divin tombé du haut des Cieux.
Mon Dieu ! serait-il vrai, je n'aurais pas d'enfant ;
Ce sentiment si fort, qu'à toute heure je sens,
N'aurait été par vous déposé dans mon cœur

Que comme une torture et comme une douleur !
Et je devrais penser que la bonté divine
Dans ses desseins cachés eût enfin pu donner
Un désir si profond sans vouloir le combler !
Oh ! non, je ne le puis, et à genoux j'implore ;
Semblable à Elyma, je demande un enfant ;
Que comme elle exaucée, enfin je voie l'aurore
De ce jour où de joie et d'orgueil palpitant,
Serrant avec amour cette frêle espérance,
Mon cœur débordera de ma reconnaissance,
Et dans un saint élan, à Dieu consacrera
Cet être bien aimé qui pour lui grandira ;
Car je fais ici vœu, si mon humble prière
Monte jusques au ciel et bénie redescend,
D'employer tous mes soins et mon talent de mère
A faire naître en ce cœur l'amour du Tout-Puissant,
L'amour de la vertu qui fait une grande âme,
La passion du beau, du bien qui nous enflamme,
Qu'on suce avec le lait, qui passe dans le sang
Et qui nous garantit des désordres du temps.

Font.... 3 Août 1858.

A diverses reprises maman nous associa à ses prières sans nous laisser deviner le chagrin profond de son cœur ; nous nous joignions à elle pour demander à Dieu un petit frère, pour promettre qu'il serait voué au bleu etc., etc.

L'année suivante, en 1859, mon père, voyant que ces justes désirs ne se réalisaient pas, proposa à ma mère de prendre une consultation auprès d'un spécialiste de l'époque.

L'homme de l'art, tout en donnant peu d'espoir à ma pauvre mère, lui conseilla les Eaux de Forges qui ont une réputation bien connue sous ce rapport, et le voyage fut aussitôt résolu.

XVIII

J'ai oublié de mentionner un voyage en Suisse que mes parents avaient fait en 1858 pendant que la bonne tante nous gardait à Fontainebleau.

Ils étaient accompagnés de M. Mercier, un vieil ami de mon père, et de sa femme : mon oncle Hippolyte rejoignit les voyageurs à la frontière. Ce voyage m'a laissé peu de souvenirs, si ce n'est d'avoir entendu mentionner le passage de la Tête Noire, une tempête sur le lac de Genève et la délicieuse situation de Lauzanne.

Cette fois nous devions être, ainsi que la bonne tante, du voyage de Forges : et nous partîmes tous en Juillet.

Mes parents n'étaient pas exempts de soucis, car nos troupes se battaient en Italie où mon oncle Louis avait été envoyé comme lieutenant au deuxième voltigeurs de la Garde. Je me rappelle encore le départ de nos soldats, le jour de Pâques précédent, les larmes de maman, les cris des boulevards : « Vive la France ! Vive l'Italie ! A bas l'Autriche ! Cette journée m'a laissé une grande impression de tristesse.

Dans la seconde quinzaine de Juillet nous arrivâmes à Forges, petit village de Normandie à quelques lieux de Rouen. Le chemin de fer n'y passait pas alors et l'on s'y rendait par une diligence qui n'avait rien de confortable.

La grande réputation de Forges lui est venue de ce qu'Anne d'Autriche, s'y étant rendue après sa réconciliation avec Louis XIII, devint grosse à la suite de sa saison,(bien qu'elle eût déjà vingt quatre ans de mariage) et donna le jour à Louis XIV.

Il est permis de penser que le vœu de Louis XIII et la consécration qu'il fit de sa couronne et de sa famille à Notre-Dame du Puy en la couronnant Reine de France, ne furent pas étrangers à l'événement, mais la gloire des eaux ferrugineuses de Forges n'en fut pas moins établie et chaque année y amena nombre d'épouses envieuses des joies de la maternité, comme aussi les femmes délicates et épuisées par leurs grossesses.

Notre saison fut fort agréable, nous logions chez le bon docteur Delille.

Une famille américaine — les Garelli — composée du père, de la mère et de sept enfants, nous offrit de grandes ressources. Les enfants surtout faisaient avec nous de bonnes parties dans les jardins de l'établissement.

Presque chaque jour, j'allais à la messe avec maman, puis on buvait aux trois sources : la Cardinale, la Royale et la Reinette; ensuite nous faisions nos devoirs et nous nous amusions. Maman, ayant découvert une famille du pays très nombreuse et dans la plus grande misère, eut l'idée d'organiser une petite loterie. Accompagnée du vénérable abbé Herbel, un vieil ami de la famille Girerd que nous avions retrouvé là, elle offrit quelques billets; bientôt l'idée fit fureur et les personnes oubliées dans la distribution des billets se considéraient comme offensées. Tout le monde en voulut, et on apporta des lots.

La loterie fut tirée dans le vieil établissement qui n'avait pas vu déranger ses meubles et ses coussins depuis le passage d'Anne d'Autriche, à ce que disait maman. On dansa ensuite, et M. Garelli ayant apporté deux charmantes couronnes de fleurs naturelles, les offrit à maman et à une autre dame qui l'avait beaucoup aidée. Inutile d'ajouter que non seulement la pauvre famille fut secourue et habillée à neuf, mais que la recette permit d'en soulager plusieurs autres.

Cependant les nouvelles d'Italie étaient attendues avec impatience et lues avec avidité. Un jour que nous revenions d'une excursion aux environs, faite avec toute la famille Garelli et plusieurs autres buveurs, nous vîmes ma tante Mazas qui, du seuil de la maison, nous tendait une lettre datée de Solférino; elle était de mon oncle Louis qui nous racontait le gain de la bataille et la part qu'il y avait prise, ayant, avec un de ses lieutenants, ramené un colonel autrichien et plusieurs pièces de canon.

Je vous laisse à penser la joie de tous. On fit des décorations avec de la verdure et des fleurs; M. Garelli tira un feu d'artifice pour célébrer la victoire, et nous commençâmes nos préparatifs de départ, afin d'arriver à temps pour la rentrée solennelle des troupes à Paris, fixée au 15 août.

Tout cela est resté aussi vif dans ma mémoire que

si les événements dataient d'hier : le camp de Saint-Maur où les troupes campaient pour attendre le 15; la tente de mon oncle Louis où nous déjeunâmes, maman et moi en compagnie de Mme Machy, de René, de mon oncle Louis, du capitaine Miel et du sous-lieutenant Guadavini; la longue table autour de laquelle les turcos mangeaient du cousse-cousse et autres mets peu appétissants. Mon oncle trouva très drôle de m'enlever dans ses bras et de me mettre sur les genoux de l'un d'eux; tous battaient des mains et montraient en riant leurs dents blanches, mais je n'étais pas rassurée du tout et j'appelais maman à grands cris, me croyant en danger sérieux.

Le jour de l'Assomption, les troupes défilèrent pendant toute l'après-midi, l'empereur et l'état-major en tête; puis les blessés, ceux qui pouvaient suivre la marche, s'entend, et que l'on couvrait de fleurs, — les drapeaux en lambeaux disputés vaillamment à l'ennemi, la garde et toute l'armée enfin.

Les boulevards, les fenêtres et les toits même regorgeaient de monde.

Papa avait une liste et savait l'ordre dans lequel les régiments défilaient; il nous prévint lorsqu'approcha le 2º voltigeurs. Le capitaine Miel nous salua de l'épée et nous fit signe que mon oncle était décoré, ce qui, sans nous surprendre, nous causa une grande joie. Il fut de plus nommé capitaine au 19º de ligne.

XIX

En 1861, mon oncle Narcisse vint passer l'été en France avec ma tante Ophelle et leurs enfants, Marguerite, et Lucien né en 1859. A notre grand désespoir, ces deux derniers eurent la coqueluche, et maman qui redoutait extrêmement cette maladie pour nous, ne nous permit pas de les voir.

A l'automne seulement, Marguerite allant réellement mieux, papa et maman l'emmenaient faire de grandes promenades en forêt pour chasser le mauvais air, et la ramenaient auprès de nous.

C'étaient des jours de fête et de grandes protestations d'amitié entre les trois cousines; quant à Lucien, nous ne l'aperçûmes que de loin.

Cette année-là, mon père se trouva très souffrant, et dès lors maman commença à ressentir de sérieuses inquiétudes sur sa santé qui laissa toujours à désirer. Pourtant à la suite d'une saison de Vichy, il se trouva mieux.

L'année 1863 vit marier les deux frères de maman : Louis et Hippolyte.

Le premier épousa une jeune fille de notre paroisse, Caroline Favereau; mes parents firent les démarches nécessaires pour rapprocher les jeunes gens qui se plurent et le mariage fut fixé au 8 avril.

Cette journée m'est restée comme un de mes meilleurs souvenirs; nous étions si fiers de quêter ensemble René et moi, et nous trouvions si amusant d'être à la noce!

Le second mariage se fit le 24 novembre à Marseille, où mon oncle Hippolyte était capitaine du Vieux-Port; il épousa une veuve encore jeune, Mme Michaud.

Cette fois, on ne nous emmena pas; car la Première Communion approchait et nous devions suivre les cathéchismes; nous restâmes avec la bonne tante Mazas.

Maman nous fit toutes les recommandations possibles, nous apprit à nous coiffer nous-mêmes et nous écrivit de bien bonnes lettres, que nous avons toujours, pour nous encourager à être sages avec la bonne tante et à ne pas lui donner du mal.

La joie de maman était double, car elle retrouvait à Marseille sa sœur, la tante saint Théodore qui, de l'Isle la Sorgue, avait été envoyée là pour diriger une maison d'éducation; aussi les huit ou dix jours d'absence passèrent-ils bien vite.

Au retour, on aperçut à Mâcon le jeune ménage Louis Puech qui y était en garnison.

A la fin de cette année je trouve une pièce de vers en acrostiches composée pour la fête de papa :

POUR LA FÊTE DE LÉONCE

Clémentine.

Le jour pour Laure et moi s'est levé radieux
Et nos cœurs tout émus débordent de tendresse,

Oh ! mon père chéri ! dans ces moments heureux,
Notre vœu le plus cher est que notre sagesse
Comble tes jours enfin de joie et de bonheur,
Et réponde à l'amour de ton si noble cœur.

Laure.

Hélas ! pour l'accomplir nous n'avons que faiblesse
Et nous formons souvent des désirs impuissants,
Renouvelés toujours, abandonnés sans cesse !
Mais notre amour pour toi sera de ma promesse,
Avec l'aide de Dieu, les précieux garants.
Nous voulons surmonter difficultés, faiblesse,
Croître en science et vertu sous ton œil paternel
En attirant sur nous les doux regards du ciel.

Clémentine.

Laure il faut commencer, je t'approuve, à l'ouvrage !
Adieux à nos défauts, plus de discussion ;
Unissons nos efforts, et sans perdre courage,
Résistons toutes deux à la tentation,
En ceci, sœur, je veux te donner bon exemple,

Car je le sais, hélas ! j'y ai souvent manqué,
Laure, écoute-moi bien, notre cœur est un temple,
Et de vertus, bientôt il faut qu'il soit orné.
Mettons-y la douceur, la prompte obéissance,
Et puis l'humilité... des vertus c'est la fleur.
Ne craignons que le mal, afin que notre enfance
Trouve en Dieu son soutien, sa force et sa ferveur.
Il bénit les efforts... par sa munificence,

Notre œuvre commencée, il la couronnera
Et dans un jour sublime à nous il s'unira.

Paris 15 novembre 1863.

Chaque année, cette fête de papa était célébrée avec une pompe nouvelle, grâce à maman qui avait un talent particulier pour cela. Elle s'entendait à organiser des surprises, des petites pièces de comédie, de joyeuses réunions. On les préparait longtemps à l'avance, dans un secret absolu et papa avait régulièrement l'air renversé, comme s'il ne s'était douté de rien, ce qui augmentait notre bonheur.

Le tout se passait dans la plus grande intimité.

Nous ne voyions guère que deux ou trois familles de la paroisse et surtout la famille Denouh.

Les Messieurs se retrouvaient à la conférence de Saint-Vincent de Paul.

Les dames s'entendaient en tous points; maman n'eut pas d'autre amie à Paris que cette femme de bien, vraiment dévouée à tous ses devoirs d'épouse et de mère.

L'aînée de ses enfants, Natalie, ne nous quittait presque pas; associée à toutes nos récréations, à tous nos plaisirs, elle les embellissait encore par son aimable caractère et son affection expansive; l'été, elle venait passer auprès de nous une partie de ses vacances.

XX

Pourrais-je dire quels furent les efforts de notre excellente mère pour nous préparer à notre Première Communion! elle nous apprenait à prier, à faire de petites méditations, surtout à chercher Dieu en tout et à lui offrir toutes nos actions, même les plaisirs que l'on nous procurait.

Elle s'occupait beaucoup de la réforme du caractère. C'étaient parfois des réprimandes sérieuses, sévères même, quoique toujours faites avec calme, et qui laissaient de profondes traces dans l'esprit. C'étaient plus souvent encore des causeries intimes, délicieuses, où elle pénétrait jusqu'au fond de nos âmes d'enfants pour les gagner à Dieu. Nous n'avions aucun secret pour elle, et nous lui communiquions aussitôt tout ce qui pouvait nous troubler.

Ses exemples étaient encore plus puissants que ses exhortations pour nous encourager au bien. Jamais je n'ai vu allier d'une manière si parfaite une grande douceur de caractère avec une fermeté véritable dans la volonté.

Ainsi que je l'ai dit, nous ne nous rappelons pas avoir entendu maman parler mal du prochain; elle ne nous souffrait pas de le faire et n'aimait même pas les plaisanteries qui n'atteignent que les travers extérieurs, sachant que bien des personnes ont la faiblesse de s'en faire de la peine.

Jamais elle ne parlait avec hauteur ni d'une manière blessante.

Une fois cependant elle fit un peu vivement une observation, sur je ne sais quel sujet, à notre propriétaire qui habitait à Paris l'étage supérieur au nôtre : nous sortions de la grand'messe avec cette dame, et lorsqu'elle se fut éloignée, mon père dit : « Vraiment, Hermance, tu m'as surpris. Toi, toujours si douce et si bienveillante, tu as parlé bien sèchement à Mme P... cela a pu la peiner. »

Maman ne chercha aucune excuse à cette légère faute, mais toute inquiète d'avoir pu affliger quelqu'un, elle prit à peine le temps de déjeuner et monta chez Mme P... pour lui dire les paroles les plus aimables et s'excuser de son mouvement de vivacité.

Cette bonne mère aimait les pauvres. Elle était dame de charité et nous emmenait habituellement dans les familles qu'elle avait à visiter. Elle savait vaincre sa grande timidité pour leur parler et s'intéresser à leurs besoins ; elle était heureuse de s'imposer des sacrifices pour eux, et quoique mon père fût très disposé à lui donner tout ce qu'elle désirait sous ce rapport, elle préférait parfois se priver de quelque objet de toilette ou de quelque commodité pour en consacrer le prix au soulagement des infortunés. Les enfants sont bien perspicaces pour découvrir ces choses-là, malgré le soin que l'on prend de les leur cacher.

Plus tard elle nous fit entrer avec elle dans l'œuvre

si intéressante du patronage; on visite les jeunes filles chez elles et à l'atelier, non pas tant pour leur porter des secours que pour s'informer de leurs progrès et de leur conduite, les encourager au bien et leur distribuer des bons points donnant droit aux récompenses de l'œuvre.

Tous les ans nous assistions à la distribution de ces récompenses, qui était très solennelle : les jeunes filles chantaient et jouaient de petites pièces morales; puis elles choisissaient, suivant leur ordre de mérite, parmi les objets servant de prix, ceux de leur goût, et votaient enfin elles-mêmes pour désigner celle d'entr'elles qui, par sa sagesse, avait droit au livret de 50 francs sur la caisse d'épargne, fondé à leur intention.

Maman nous conduisit toujours elle-même au catéchisme, à la retraite, et nous prépara non sans beaucoup d'émotion à notre confession générale; enfin la veille de la Première Communion, lorsqu'après avoir reçu l'absolution, nous sollicitâmes le pardon et la bénédiction de nos parents et de la bonne tante Mazas; elle se mit à genoux entre nous deux et, sans pouvoir retenir ses larmes, lut à haute voix ces vers qu'elle avait composés à notre intention :

A MES FILLES,
POUR LEUR PREMIÈRE COMMUNION

Quelques heures encor, mes filles bien-aimées,
Et le plus beau des jours pour vous sera levé,
Quelques heures encor, ensemble agenouillées,
Vous serez à l'autel... Le Dieu de majesté,

O mystère adorable ! abaissant sa grandeur,
En vos cœurs descendra... de ses dons ineffables
La mesure en sera l'amour et la ferveur.
Vous sentirez alors des joies inénarrables
Dont s'abreuvent les saints et les anges au ciel.
O moments précieux, dérobés par la terre,
En une heure sublime au céleste séjour !
Durez, durez toujours, car alors la prière
De l'âme ardente et pure où Dieu vient habiter
Devient une puissance : en se donnant à elle,
Après un tel présent que peut-il refuser ?
Priez donc, mes enfants, priez d'abord pour celle
Qui vous donna le jour et que Dieu vous reprit ;
Ses desseins sont cachés, aux mortels il les cèle,
Mais d'en haut son regard vous suit et vous bénit.
Puis pour tous vos parents qui ont quitté la terre,
Et qui peut-être expient dans le lieu des douleurs,
Pour l'Église du Christ ; de plus en plus prospère
Que son règne s'étende et gagne tous les cœurs.
Pour ses ministres saints ; que la foi les enflamme
De ce zèle qui change en élus les pécheurs ;
Priez pour ceux surtout qui ont soigné votre âme :
Là où croissait l'épine, ils ont semé des fleurs.
Priez pour votre père et si bon et si tendre
Dont le cœur est ému rien qu'en pensant à vous :
Que l'heure en soit venue où vous puissiez comprendre
Tout ce que son amour a de fort et doux.
Pour votre tante, enfants, qui fut aussi ma mère,
Son dévouement pour moi fut de tous les instants,
Embellissons les jours de sa sainte carrière

Que nos soins, nos respects prolongent ses vieux ans.
Priez aussi pour moi afin que Dieu m'octroie
La bonté sans faiblesse, la force et la douceur,
Les talents, les vertus qu'il veut que je déploie
Pour assurer en vous le céleste bonheur.
Priez pour vos parents, vos amis de la terre,
Sans doute ils ont besoin des grâces du Seigneur,
Car chacun ici-bas a sa part de misère
Et souffrir sans espoir, c'est mourir de douleur !
Pour vous, chères enfants, dans l'extase abimées
Des bienfaits tout divins que vous aurez reçus,
Demandez à Jésus pour toutes vos années
Des cœurs humbles et purs, la marque des élus ;
Le courage chrétien pour aborder la lutte,
La foi qui nous soutient en indiquant le ciel,
L'amour du vrai, du bien, pour n'être pas en butte
Au remords intérieur ; (du tourment éternel,
Image triste et vraie offerte à votre enfance)
Mais qu'un parfum béni de ce céleste jour
Embaume à tout jamais votre longue existence,
Toute en Dieu, dans sa paix, sa joie et son amour.

12 mai 1864.

Du reste prières, conseils, exhortations pieuses, lectures propres à nous instruire sur la religion, se continuèrent après ce grand acte de la vie chrétienne et ne cessèrent qu'avec son dernier souffle.

Cette même année, mon père se défit de notre petite maison de la rue des Petits Champs, pour en acheter toujours à Font... une autre plus spacieuse et plus commode qui nous permit de recevoir la famille, chaque année plus nombreuse.

XXI

La grande exposition de 1867, la plus belle et la plus intéressante que j'aie visitée, attira bien du monde à Paris : Ce fut d'abord mon cousin Eugène Joseph qui habitait New-York, et que nous ne devions plus revoir : puis la famille d'Algérie qui s'était augmentée de deux fillettes : Marie, née en 1862 et Amélie, en 1866.

A la fin des vacances, Lucien fut placé au lycée de Sens, près de son cousin René Machy; et Marguerite entra au couvent de Sainte-Elisabeth, dans notre quartier à Paris. Ce fut une grande joie pour nous de l'avoir aussi près. Les dimanche et jeudi de chaque semaine nous virent exactement au parloir, et les jours de sortie étaient jours de fête.

Nous eûmes aussi la visite de mon oncle et de ma tante Hippolyte, celle de mon oncle et de ma tante Louis; ces derniers avaient trois bébés qui faisaient nos délices : Marie née en 1864, Georges et Louise, jumeaux nés en 1865. Enfin à diverses reprises, Geneviève et Jeanne Cauyette avaient partagé nos joyeuses réunions de vacances. Geneviève surtout, la filleule de mon père et de ma mère, était souvent l'hôte de la maison, sa santé délicate l'obligeant au repos et au changement d'air. Mais Mme Cauyette n'avait pu depuis longtemps supporter le voyage, malgré son grand désir de revoir maman. Cet automne, elle était de nouveau enceinte et fit de vives instances pour nous avoir à Strasbourg. Papa consentit donc à y laisser aller maman ainsi que ma sœur et moi. C'était alors la première fois que nous faisions un voyage de cette importance et nous étions ravies. Avec quelle affection nous fûmes reçues à Strasbourg! que de longues causeries! que de souvenirs ravivés entre les deux amies!

M. Cauyette nous fit visiter le pèlerinage de Marienthal, Bade et ses pittoresques alentours dans la Forêt Noire, Colmar, Nancy, etc... Il fit avec maman seule, l'ascension de la montagne Sainte-Odile, excursion des plus pittoresques, mais assez fatigante lorsqu'on ne dispose que de peu de temps.

A l'intérieur de la ville, nous visitions chaque jour la splendide cathédrale, son horloge, la chapelle Saint-Laurent où se disaient les messes basses; puis le musée rétrospectif de la Frohenhauss, le Broglie, le jardin Lips et l'Orangerie.

Maman avait beaucoup d'entrain et d'enthousiasme en voyage; les souvenirs historiques et littéraires lui fournissaient d'intéressantes citations; elle cherchait à s'instruire encore davantage en prenant des notes sur tout ce qu'elle voyait.

XXII

L'année suivante marqua tristement dans notre vie, car nous perdîmes très rapidement la bonne tante Mazas.

Elle redoutait beaucoup la mort, mais plus encore les longues maladies et les infirmités qu'elles entraînent.

Dieu l'exauça; une fluxion de poitrine nous l'enleva en six jours, et l'horreur de ce redoutable moment s'évanouit si bien pour la chère malade, qu'elle parlait de sa mort et de son enterrement prochains comme s'il se fût agi d'actes indifférents.

Elle reçut les sacrements avec une grande piété, puis s'affaiblit graduellement et s'endormit sans secousse dans le Seigneur le 9 mars à onze heures du soir; maman et ma cousine Aline lui rendirent les derniers devoirs et l'ensevelirent elles-mêmes.

Nous étions couchées, ma sœur et moi; mais entendant nos parents rentrer dans leur chambre, nous comprîmes que leurs soins étaient devenus inutiles à la bonne tante.

Suivant son désir formel, mon père la fit transporter et inhumer à Fontainebleau.

Deux ans auparavant, maman lui avait dédié, à l'occasion de sa fête, cette pièce de vers :

LA BONNE TANTE

C'est ainsi qu'on la nomme, et non pas seulement
Ses enfants, ses neveux, et jusqu'aux amis même,

Mais chacun qui l'entend, qui la voit, car on l'aime
Quand on a de son cœur approché un moment.

Faisant le bien, elle est heureuse ;
Sa charité ingénieuse
A toujours quelqu'expédient ;
Et si parfois sur son visage,
D'ailleurs aimable et souriant,
Vous avez remarqué l'image
De l'inquiétude ou du regret,
Croyez-moi, car je m'y connais,
J'en ai tant fait l'expérience !
C'est que pour chasser des chagrins
Ou soulager une souffrance
Son cœur dépasse ses moyens.
Si chaque jour, en s'oubliant,
Pour nous elle pense sans cesse,
Du moins dans cet heureux moment
Où tout respire la tendresse,
Nous voudrions mettre au grand jour
Notre respect et notre amour.
Puis ajoutant une prière,
Nous dirons avec notre Mère
A Dieu qui nous fit ce présent :
« Seigneur ! gardez-nous la longtemps !...

Dimanche, 18 mars 1866.

A la suite j'en trouve une, faite à l'occasion de ma fête de naissance :

— III —

A LAURE POUR SES QUINZE ANS

De ta naissance, enfant, voici l'anniversaire
Et je veux le chanter, comme on chante un beau jour,
Par un hymne pieux, une ardente prière
Pour toi, ange chéri, l'objet de notre amour.
Et d'abord, que l'accent de la reconnaissance
S'exhale de nos cœurs pour les bienfaits reçus,
Car tu fus longtemps faible, et ta chétive enfance
Où le rire et les jeux te restaient inconnus,
De tes parents, hélas! alarmait la tendresse!
Que de soucis alors, de chagrin, de tristesse!
Mais Dieu en frais sourire a changé tous ces pleurs;
Maintenant vive et gaie, alerte et souriante,
Que de joie et d'attraits dans tes belles couleurs!
Garde de tes quinze ans, garde, nature aimante
Pour tout ce qui est bon les élans de ton cœur.
Sois modeste, timide, aime le doux ombrage
Que le feuillage épais offre à la jeune fleur,
Et qui la garantit des vents et de l'orage.
Garde encor ta franchise et ta simplicité,
Indulgente envers tous, douce dans ta parole,
Que tu saches toujours trouver dans ta bonté,
Le baume qui guérit, et le mot qui console.
Laisse-moi dire à Dieu que sur toi il répande
Ses célestes bienfaits et ses dons précieux :
C'est la seule faveur qu'ici-bas je demande
En attendant qu'un jour nous soyons tous aux Cieux.

14 Janvier 1868.

Au mois d'août nous nous rendîmes avec toute la famille de mon oncle Louis au bord de la mer.

Mon père avait retenu une maison sur la plage même de Lion sur mer, à trois lieues de Caen où mon oncle était alors en garnison.

La vue de la mer nous transportait d'enthousiasme. Que de bonnes promenades et de longues causeries nous fîmes avec maman pendant notre séjour ! Ce fut là qu'elle nous confia des particularités de sa vie de jeune fille ; elle nous emmena aussi passer trois jours au Château de l'Hermitage habité par la famille de Lausun. Jusqu'alors nous n'avions vu Madame de Lausun qu'en passant, pendant de courtes visites : Là nous pûmes jouir des charmes de son esprit, de l'agrément de sa conversation. Le Colonel fut fort aimable, Isaure se montra pleine de complaisance pour nous qui n'étions encore que des fillettes, et le bon Raoul lui-même nous avait prises en amitié.

XXIII

Au printemps suivant mon père se rendit en Normandie pour marier sa nièce Aline Fauquet; ma mère, trouvant son deuil trop récent encore, préféra n'y pas aller et nous emmena pendant ce temps passer quelques jours à Versailles.

Nous y avions fait déjà bien des apparitions ; mais maman était heureuse de s'y retremper dans les souvenirs de sa jeunesse et de nous initier aux beautés de l'art comme aux scènes de l'histoire du grand Roi.

Nous descendîmes chez Françoise Legendre, vieille et fidèle servante de Madame Jomart. Notre temps fut partagé entre le château, l'étude du Musée, les courses dans le Parc, à Satory, à Trianon, enfin les visites aux anciennes amies de maman: Elle nous fit faire la connaissance de Madame d'Artois, alors fort âgée et entourée de ses petits enfants. Nous passâmes aussi quelques heures bien agréables avec l'excellente mademoiselle Caron, ancienne élève de Saint Denis qui soutenait ses vieux parents du fruit de ses talents. Par un bizarre assemblage elle avait dans les doigts toute l'adresse d'une femme et d'une artiste, et, dans l'esprit, les facultés qui sont d'ordinaire l'apanage des hommes ; son cœur tendre et dévoué ne reculait devant aucun sacrifice et semblait fait pour goûter les douceurs de la foi chrétienne... cependant elle se raidissait contre cet attrait, se disait libre-penseuse et recherchait les lectures propres à la confirmer dans ce pénible état d'âme.

Depuis longtemps maman s'efforçait de l'éclairer, de combattre ce scepticisme qui menaçait de l'entraîner dans une sorte de désespoir. Mademoiselle Caron qui n'avait aucunement l'esprit poétique était arrivée par la force de la volonté à composer des vers passables et en fit plus tard de fort bien réussis, mais toujours hélas ! ils portaient la trace des souffrances de son âme.

Une poésie dédiée à maman contenait à peu près le quatrain suivant :

> Le cœur tranquille on se sépare
> Croyant que c'est pour quelques jours ;
> Il est sur cette terre avare
> Hélas ! peu de joyeux retours.

Maman lui envoya cette réponse :

> Souvent de vous j'ai souvenance,
> Je pleure alors l'éloignement,
> Mais soudain paraît l'espérance,
> Avec ce quatrain consolant :
> « Le cœur navré on se sépare
> « Comme si c'était pour toujours :
> « Il est sur cette terre avare
> « Encor quelques joyeux retours.
> Et moi je reprends confiance,
> Car je ne suis pas comme vous

Si brouillée avec l'espérance :
Hélas ! c'est le bien le plus doux !

18 Mars 1858.

Pendant notre petit séjour à Versailles nous eûmes de grandes conversations sur la question religieuse ; mais les exhortations, ni les lectures qu'on lui indiquait ne paraissaient faire aucune lumière dans son esprit : son cœur seul, en dépit d'elle-même, était chrétien déjà : la promesse d'une prière, d'une communion faite pour elle la touchait jusqu'aux larmes : elle s'employa cependant à procurer à ses parents mourants ces suprêmes consolations de l'Eglise, auxquelles elle ne croyait pas, disait-elle, et tous deux moururent chrétiennement.

Quant à elle, elle persista dans les mêmes sentiments jusque dans sa vieillesse : la vue lui fut ravie, une maladie terrible mina ses jours et toujours elle se débattait contre la grâce, refusant les seuls biens qui eussent pu lui adoucir la vie.

Un jour, vers 1886, la Providence permit que, me trouvant à Versailles, j'allasse suivant ma coutume, visiter la vieille amie de ma mère.

Je la trouvai sur son lit de souffrances, aveugle, couverte de plaies, presqu'à l'agonie ; mais quel heureux changement ! « Ah ! me dit-elle, Dieu a été bon, bien
« bon pour moi ; il m'a récompensée de tout le bien que
« j'avais fait... Il m'a ramenée à Lui. Dites bien à

« Clémentine que je la remercie d'avoir tant prié pour
« moi, ses prières sont exaucées. »

Et comme dans ma joie et mon étonnement, je craignais que ces paroles ne fussent l'effet du délire, sa jeune bonne, qui paraissait douce et pieuse, m'assura que la chose était bien réelle. « Mademoiselle, me dit-elle, a vu un prêtre de la paroisse, et hier, il lui a administré tous les sacrements qu'elle a reçus avec un grand bonheur. »

Combien je fus heureuse alors! le lendemain cette vénérable amie n'était plus; mais je la sentais auprès de Dieu et je pensais à la joie que son entrée au ciel avait dû causer à ma bonne mère.

A la fin de l'année, et pour la première fois, maman nous quitta pendant une quinzaine; elle voulait assister dans ses couches sa belle-sœur Caroline, dont la santé était assez délicate. Dieu permit cette première séparation pour nous préparer sans doute à la grande séparation qui approchait et à laquelle nous n'avions jamais pensé.

Nous étions bien plutôt inquiètes de la santé de papa; pendant cette absence de maman notamment, il fut très mal en train et très triste, parlant souvent de la mort qu'il croyait prochaine; il se doutait bien peu, ce pauvre père, qu'il survivrait dix-neuf ans à sa femme si jeune et si forte! il craignait seulement de la laisser veuve, jeune et avec le souci de notre établissement.

Maman passa cette quinzaine à Alençon, faisant tous ses efforts pour soigner et distraire sa jeune belle-sœur; mais elle ne vit pas la naissance de l'enfant qui tarda à arriver. Sachant combien elle nous manquait, elle se décida à repartir et ne connut jamais la petite Jeanne non plus que sa plus jeune sœur qui ne vint au monde que deux mois après la mort de sa tante.

Au retour, maman alla embrasser à l'Hermitage sa chère et respectable amie Mme de Lausun; eut-elle le pressentiment que c'était pour la dernière fois?...

XXIV

Cette terrible année 1870 s'ouvrit gaîment. Comme d'habitude, nous eûmes pendant longtemps notre petite cousine Marie Puech, l'enfant gâtée de la maison. Comme d'habitude aussi, maman alla chercher pour les vacances la chère Marguerite, notre sœur adoptive, qui partageait pendant deux mois nos études et nos jeux. Depuis un mois nous avions Geneviève, alors fort délicate et que sa mère avait envoyée pour passer avec nous toute la belle saison.

Depuis que nous devenions jeunes filles, ma sœur et moi, notre bonne mère nous témoignait une tendresse plus confiante; elle nous parlait à cœur ouvert, nous montrait les lettres de ses amies... dans un moment d'épanchement, elle nous avait même expliqué ses dernières volontés, détaillées du reste dans un écrit de sa main. Mais cela nous paraissait si impossible qu'elle pût nous quitter jamais, que notre esprit ne s'arrêtait même pas à cette pensée!

Maman nous lisait beaucoup alors, s'efforçant de nous donner le goût des lectures élevées et instructives, de la belle littérature. Elle lisait très bien et fort longtemps sans se fatiguer, soit dans les promenades en forêt, l'été; soit dans les veillées d'hiver. C'était une fête pour nos jeunes intelligences d'être initiées d'une manière si agréable aux chefs d'œuvre de la langue française, aux grands faits historiques ou contemporains.

Sa piété se fortifiait avec les années. Elle avait été fidèle dès sa jeunesse à faire chaque jour la communion spirituelle, mais son âme était de plus en plus attirée vers la communion sacramentelle qui lui fut accordée deux fois par semaine pendant cette année, la dernière de sa vie.

Cependant elle hésitait à profiter de la permission, craignant de nous scandaliser par les fautes qui pourraient lui échapper entre ses communions. Elle nous l'avoua tout simplement, et cet étrange scrupule nous fit bien rire; pour la rassurer nous lui racontâmes qu'une des grandes perplexités de notre enfance avait été de nous demander de quoi elle pouvait bien s'accuser à confesse?... nous nous consultions là-dessus très sérieusement sans pouvoir résoudre notre embarras, et pourtant l'on sait si les enfants sont habiles à découvrir les faiblesses de ceux qui les entourent!...

Ainsi tout fut arrangé, et notre bonne mère s'approcha avec joie de la sainte table tous les jeudis et tous les dimanches.

La déclaration de guerre vint agiter les esprits dès le mois de juillet; de courts moments d'enthousiasme et d'espérance firent place rapidement aux plus vives alarmes.

Qui ne se rappelle les angoisses de ces jours néfastes? A chaque instant l'on entendait des rumeurs, un roulement de tambour; on se précipitait espérant une bonne nouvelle; nous quittions toutes quatre la chambre d'études, nous écoutions respirant à peine... et toujours, toujours des défaites, toujours des retraites, toujours l'ennemi qui s'avançait en vainqueur sur la terre de France!... quelle douleur! Chaque dimanche, chaque jour de fête était marqué par une nouvelle plus sinistre, comme si Dieu eut voulu bien faire comprendre à notre pauvre patrie que sa grande prévarication était le mépris de ces saints jours!...

Enfin la panique prit les habitants de Font... on fit partir d'abord les jeunes filles et peu après toutes les femmes.

Maman était courageuse; mais il lui parut pénible de sortir dans les rues seule avec quatre grandes filles dont deux lui étaient confiées : elle supplia mon père de nous éloigner tous ensemble. Après un peu de résistance, il s'y décida. Les invitations affectueuses ne nous manquaient pas du reste. Nous en recevions d'Alençon où était toujours mon oncle Louis; de Morlaix où s'était réfugiée toute la famille Girerd; de Marseille où mon oncle Hippolyte commandait le Vieux-Port.

Mon père préféra cette dernière ville comme nous rapprochant de l'Algérie d'où mon oncle Narcisse, en compte d'affaires avec lui, pourrait nous ravitailler.

Nous vîmes plus tard que cette précaution n'était pas superflue.

La décision fut prise le 7 septembre. Nous venions de nous confesser pour la Fête de la Nativité. Le soir même les malles furent faites et le lendemain, après avoir communié à une messe matinale, nous prenions le train de Melun où nous devions rejoindre l'express. Quel voyage ! Quel encombrement de monde ! Impossible de trouver place non seulement dans le même wagon... mais encore dans le même train ! Jusqu'à Lyon nous eûmes l'angoisse d'être séparés les uns des autres, ne sachant ni où ni comment nous pourrions nous retrouver ; si bien que, lorsqu'à minuit, dans la gare de Lyon, nous nous retrouvâmes tous réunis, notre joie fut si expansive que nos compagnons de voyage désertèrent le wagon, nous laissant à nos épanchements.

XXV

Mon oncle et ma tante Hippolyte nous accueillirent très affectueusement : mon oncle nous procura un logement simple mais commode en dehors de la ville et en face du Château Impérial. De là nous découvrions l'entrée des deux ports et pas un navire ne nous échappait; cette vue fut une grande ressource pour mon père qui sortit peu et souffrit de violentes douleurs névralgiques pendant tout notre séjour.

Le soir même nous étions installés : mon père et ma mère dans une chambre; à côté, Geneviève et moi ; plus loin Clémentine et Marguerite; enfin Marie, notre bonne, qui avait voulu à toute force nous accompagner.

Quelle bonne vie de famille nous passâmes là pendant neuf mois ! on dirait que le bon Dieu voulait nous en faire goûter tous les charmes, avant la grande épreuve, afin qu'au moins nous en gardions le consolant souvenir.

Comme toujours maman commença par établir un règlement. Elle nous continua, à Clémentine et à moi, les lectures instructives et nous fit commencer l'italien.

A notre tour nous dirigions les deux plus jeunes dans leurs études : puis on travaillait beaucoup à l'aiguille; nous n'avions apporté que peu de linge et d'effets, croyant partir pour un mois seulement et il fallut se pourvoir. Maman taillait et nous distribuait l'ouvrage ; notre propriétaire nous confiait aussi des chemises, des taies d'oreiller à faire pour les soldats et les blessés, ce qui était un bonheur pour nous. Enfin maman prit en pitié deux familles italiennes chargées d'enfants auxquels nous confectionnâmes quelques vêtements très simples.

Notre grande joie était la visite quotidienne de mon oncle Hippolyte ; à chaque coup de sonnette, les deux petites — comme nous dénommions Marguerite et Geneviève — se précipitaient à la fenêtre et quand elles s'écriaient : « C'est mon oncle Hippolyte, c'est M. Hippolyte, » toutes quatre dégringolaient prestement l'escalier. Souvent il nous emmenait faire de longues promenades sur la Corniche et contempler la mer dont nous ne nous lassions pas. Souvent aussi nous allions lui rendre visite et voir ma tante qui était habituellement souffrante. Le 24 novembre, anniversaire de leur mariage, nous y passâmes toute la journée.

Il faisait un temps superbe et aussi chaud qu'au mois d'août dans nos pays. Nous sortîmes tous pour voir en détail le port de la Joliette et les Docks.

Mon oncle nous fit visiter plusieurs navires marchands notamment un superbe paquebot américain, *l'Alaska*, dont nous fûmes émerveillées. Il jaugeait quatre mille tonnes, avait quatre étages, le pont et trois entreponts, et contenait mille cabines.

A diverses reprises, nous fîmes des promenades en mer, sur cette belle Méditerranée si bleue parce qu'elle reflète l'azur du ciel ; quelquefois aussi lorsque nous avions dîné chez lui, mon oncle nous faisait traverser le Vieux-Port sur un bâteau de la Douane, afin d'abréger notre retour.

Le ciel était alors constellé d'étoiles les plus brillantes et quand la mer était phosphorescente, elle semblait lancer des jets de flamme à chaque nouveau coup de rame, c'était féerique.

Je n'ai pas encore parlé du bonheur de revoir tante Saint-Théodore.

Pour arriver à son couvent, rue du Jardin des Plantes, il nous fallait traverser la Cannebière, les allées de Meilhan, l'avenue et le superbe aqueduc de Longchamps; mais le chemin ne nous paraissait pas long. Avec quelle impatience nous étions attendues? Quel accueil bienveillant nous recevions de la bonne tante et de toutes ses sœurs!...

Puis chaque mois la Supérieure nous la donnait, cette chère tante, pour un jeudi tout entier, et les heures s'écoulaient bien vite dans une douce intimité.

De nos fenêtres on apercevait la bonne Mère, ainsi que les Marseillais appellent Notre-Dame de la Garde; nous montâmes maintes fois à ce sanctuaire qui domine la mer du haut d'un rocher à pic.

A mi-chemin environ, on rencontrait notre paroisse Saint-Victor, ancienne abbaye encore crénelée et qui est une sorte de pèlerinage. Dans la crypte, on montre le confessionnal de saint Lazare, l'ami du Seigneur; une vierge noire que l'on invoque sous le nom de Notre-Dame de Confession, et de nombreux vestiges des premiers martyrs.

Tous les samedis à huit heures, on célèbre la sainte Messe à Notre-Dame de la Confession, et pour la fête de la Purification, on fait une neuvaine dont l'origine est fort ancienne; chaque matin la messe est dite dans les Catacombes et le soir une procession se déroule à la lueur de cierges verts.

Dans l'abside de l'église supérieure se voit le tombeau du saint pape Urbain V, moine de Saint-Victor, mort à l'abbaye en 1370.

Les fêtes de sa canonisation furent célébrées le 19 décembre 1870 en présence de Mgr Place qui ne put leur donner tout l'éclat qu'il aurait désiré, à cause des malheurs de la Patrie.

Ces malheurs allaient hélas! toujours croissant; nous en étions troublés et affligés, nos parents surtout tremblaient pour ceux que l'on savait enfermés à Paris et à Strasbourg; les nouvelles étaient si rares et de date si ancienne lorsqu'elles parvenaient, qu'on n'en était guère plus rassuré.

Maman craignait aussi de voir partir ses frères. Mon oncle Louis avait dû voyager à quatre ou cinq reprises différentes avec sa petite famille; il venait d'être nommé commandant et envoyé à Aurillac. Mon oncle Hippolyte comptait s'offrir pour le remplacer, en cas qu'il fût appelé, afin de le laisser à sa femme encore enceinte et à ses enfants.

Ce bon oncle avait fait la même offre généreuse à son collègue de la Joliette qui était veuf et père de deux petits garçons.

Mais aucun d'eux ne partit et nos amis n'éprouvèrent

pas non plus de désastres bien sérieux, à l'exception de la famille Cauyette dont la maison et le mobilier furent détruits dans le bombardement de Strasbourg.

J'ai toujours pensé, — sans en avoir de preuve positive — que maman avait dû s'offrir à Dieu en victime pour la préservation de tous les siens ; son caractère et certaines circonstances me portent à croire qu'elle fit ce sacrifice au fond de son cœur et que Dieu l'eut pour agréable.

Elle commença dès lors à ressentir quelques malaises, peu graves en apparence, mais qui ne laissaient pas de nous surprendre, car jamais nous ne l'avions vue malade.

Elle souffrit à diverses reprises d'une inflammation intérieure. Une autre fois un commencement de bronchite se déclara à la suite d'une imprudence admirable dont je fus la cause involontaire.

Nous étions montées à N. D. de la Garde par un mistral plus fort que d'habitude et l'église nous parut fraîche, car la lutte contre le vent nous avait échauffées. Maman me voyant tout en nage, retira son propre châle pour m'en couvrir malgré mes protestations.

Elle eut froid, bien entendu, et prit du rhume, mais le mal, combattu dès le principe, ne présenta aucun caractère sérieux.

Pendant tout notre séjour, Marseille fut en proie à l'anarchie. Deux fois la Commune y régna et ne fut maîtrisée définitivement que par l'intervention du général Espivent de la Villeboisnet. Pendant 24 heures, du pied de N. D. de la Garde, il fit bombarder la Sous-Préfecture où s'étaient réfugiés les insurgés.

Nous étions dans la consternation, attendant en vain la visite habituelle de mon oncle ; il était consigné avec toute la douane et ne put venir que le lendemain pour nous expliquer ce qui s'était passé.

Tout fut promptement terminé ; les chefs se sauvèrent de leur mieux ; le Juif Crémieux, le pire d'entre eux, fut heureusement repris, et fusillé. Les insurgés devinrent doux comme des moutons et la ville fut pacifiée comme par enchantement.

Cependant l'armistice touchait à sa fin ; la paix fut signée... à quelles conditions, hélas ? Je me rappelle que nous sanglotions tous en lisant ce triste traité... puis il fallut songer au retour.

Avec quelle peine nous nous séparâmes de la bonne tante St Théodore ! Elle nous avait conduites à l'église de la Madeleine et de là sur la promenade ombragée qui en précède l'entrée.

Chaque tour terminé, on commençait les adieux, puis elle nous entraînait de nouveau, ne pouvant se décider à quitter sa sœur bien aimée. — enfin il fallut se séparer après bien des larmes.

Nous laissâmes aussi, non sans de vifs regrets, Marguerite qui devait attendre chez mon oncle Hippolyte une prochaine occasion pour regagner Sétif. Sa présence y devenait nécessaire ; la famille s'était augmentée de deux petites sœurs jumelles dont l'une était sa filleule. Je fus marraine de l'autre et lui donnai un nom prédestiné : peu d'années après, Dieu la rappela à lui pour protéger les siens du haut du Ciel.

Enfin il fallut dire adieu à la ville qui avait abrité notre exil, aux excellents parents qui l'avaient embelli par leurs soins affectueux. Toutes ces séparations furent pénibles et pourtant nous ne prévoyions pas encore l'avenir !...

XXVI

Je ne sais ce qu'il y a de vrai dans la légende du dernier chant du cygne. Les anciens prétendaient qu'à l'exemple de cet oiseau, le poète qui va mourir fait entendre ses plus doux et parfois ses plus sublimes accents.

Quoi qu'il en soit, la modeste et pieuse Muse de notre Mère, endormie depuis quelques années, prit un nouvel essor pendant ces derniers mois de sa vie.

C'est d'abord à sa troisième fille, Marguerite, qu'elle s'adresse, puis à son aînée :

A MARGUERITE

Marguerite, oh ! bien souvent,
Tu m'as dit : ma tante amie,
Pourquoi refuser constamment
D'écrire un peu pour ta chérie.
Que te dirais-je, ô ma petite,
Qui pourrait t'aller au cœur ?
Ton joli nom de Marguerite
Est simple et frais comme la fleur
Qui pare nos bois, nos campagnes
Quand, douce saison, tu renais.
Mais au milieu de tes compagnes

A briller ne cherche jamais.
La fierté sied mal à ton âge,
Elle irrite, éloigne, on la hait.
Des vertus, doux, aimable gage,
La simplicité charme et plaît.
Je te conseille ainsi, mignonne,
Parce que j'en ai bien le droit.
C'est l'amitié qui me le donne,
L'affection que j'ai pour toi.
Dis, n'es-tu pas un peu ma fille
Par la naissance et par le cœur ?
Dis, n'es-tu dans la famille
Pour mes filles une sœur ?
Ah ! quand tu vins toute petite
T'asseoir à mon foyer un jour,
N'as-tu pas réclamé de suite
Ta part de caresse et d'amour ?
Les doux soins t'entourent sans cesse,
Le regard te suit en tous lieux,
Et vers le ciel notre tendresse
Monte vers toi en vœux pieux.
Je voudrais que ma Marguerite
Près de nous formée aux vertus
Fût une femme de mérite
Quand les adieux seront venus ;
Qu'elle fût douce, très pieuse,
Instruite et modeste à la fois.
Dans les épreuves, courageuse,
Puisant la force dans sa foi.
Alors heureuse et confiante

Je remercierais le Seigneur
D'avoir pu pour l'heure présente
Contribuer à son bonheur,
Et préparer pour l'autre vie,
Ce qui est bien plus précieux,
Cette récompense infinie
Que Dieu décerne dans les Cieux.

Marseille, 20 novembre 1870.

A CLÉMENTINE

Dans tes yeux si doux et si bons,
O ma Clémentine chérie !
Se reflète une âme bénie
Où Dieu a prodigué ses dons.
Sur tes lèvres un doux sourire
Annonce une aimable gaîté ;
Quand on a la simplicité,
C'est le bonheur que l'on respire.

Semblable à l'humble violette
Qui nous embaume en se cachant,
Tu fuis le monde, et point coquette
De ses faveurs, de son encens,
Dans la demeure paternelle
Que tu embellis chaque jour,
Là, où la mère sous son aile
Te couve encor avec amour,
Ta vertu croît avec ton âge,

De doux parfums elle y répand,
Et sur ton front pas un nuage
Ne vient obscurcir ton printemps.

L'homme en vain courbé sur la terre
Se perd en impuissants efforts
S'il ne trouve par la prière
De grands et célestes conforts.
Il creuse et jette la semence :
C'est son devoir de chaque instant ;
Mais là se borne sa puissance :
Dieu seul donne l'accroissement.

C'est pourquoi, vois-tu, ma chérie,
Quand près de toi, pleine d'espoir
Je commençai, l'âme ravie,
A murmurer le mot « Devoir »
Pour garder ton aimable enfance
Dans des sentiers sûrs et fleuris,
Pour ouvrir ton intelligence
A des horizons infinis,
Incliner ta nature ardente
Vers l'amour du bien et du beau,
Je fus en Dieu seul confiante
Pour le succès de mes travaux.
Je lui soupirais ma prière
Et demandais avec ferveur
Qu'il voulût bénir la terre
Et la semence et le semeur.
Ce vœu si cher, il l'entendit ;

Bientôt la céleste rosée
Tombant sur la plante adorée
Elle crût et s'épanouit.
Aujourd'hui, vigoureuse et forte
Ses fleurs réjouissent les yeux
Et dans le temps de la récolte
Ce seront des fruits savoureux.

Marseille, 31 décembre 1870.

Au commencement de l'année 1871, maman écrit quelques strophes pour la Supérieure de Tante Saint-Théodore à laquelle nous devions souhaiter la fête.

POUR LA SAINTE EULALIE

FÊTE DE LA SUPÉRIEURE DE SAINT CHARLES

Puisqu'aujourd'hui pour fêter une Mère,
A ses enfants nous pouvons nous unir,
Que de nos cœurs une ardente prière
S'élève au Ciel y porter un désir.
Mais quel vœu soupirer pour celle qui sur terre
A tout a dit adieu, pour servir le Seigneur ;
Qui bien jeune a compris que tout est éphémère,
Tout !... hormis la vertu qui donne le bonheur.
C'est là qu'elle a trouvé cette paix si profonde
Que Dieu verse à grands flots à qui se donne à lui ;
Et ne regrettant rien de tout ce qu'elle a fui,
Au milieu du troupeau confié à son zèle,
Je la vois entourée et chérie en ce jour.
Des plus douces vertus elle offre le modèle

A ses filles, ses sœurs, objet de son amour.
Les anges dans le ciel, à ce spectacle aimable,
Sourient à tous nos vœux et les portent à Dieu.
Demandons donc, enfants, dans ce jour favorable,
Ses bienfaits, ses faveurs, ses dons si précieux,
Afin que votre mère, et si sainte et si bonne,
Soit longtemps, bien longtemps gardée à votre amour,
Et qu'enfin vous voyiez l'immortelle couronne
Ceindre à jamais son front au céleste séjour.

12 Février 1871.

Quelques jours après elle envoie ces vers gracieux à notre petite Marie pour sa fête de naissance :

A MARIE POUR SES SEPT ANS

Demain, ma gentille Marie,
Tes sept ans seront accomplis ;
Tante Hermance, ta bonne amie,
Seconde mère qui sourit
A ce joyeux anniversaire
Ne veut pas laisser ce beau jour
Fêté par la famille entière
Sans t'envoyer un mot d'amour.

Je t'adresse aussi, ma petite,
Les vœux les plus chers de mon cœur,
Pour que tu comprennes bien vite
Que la sagesse est le bonheur.
Sept ans ! mais c'est l'âge, dit-on,

Où s'éveille l'intelligence
Et où se montre la raison !

Travail, exemple, obéissance
Te sont un devoir maintenant.
Tu n'es plus un petit enfant
Qui n'a de soucis en ce monde
Que sa poupée ou son cerceau,
Et qui ne pense qu'à la ronde,
A la dînette, à un gâteau.
Sans te priver, ô ma mignonne,
De ces jeux si divertissants,
Il faut commencer ta couronne
Aujourd'hui sérieusement.
Pour la tresser, gentille Marie,
Il te faudra beaucoup de fleurs,
Et tu sauras que dans la vie
On ne les cueille pas sans pleurs !
Mais Dieu, dont la bonté immense
Verse sur nous tant de bienfaits,
Bénira ta pieuse enfance,
Et tes efforts, et tes succès.

Sept ans !... et lorsque tu naquis,
Frêle et chétive créature,
A l'Église on te conduisit
Pour te rendre innocente et pure.
Il coula sur ton front naissant
L'eau sanctifiante du baptême,
Et tu devins au moment même

Du bon Dieu le petit enfant.
Et puis, quand auprès de ta mère
Du saint lieu on te ramena,
En murmurant une prière,
De bonheur son cœur éclata,
Car maintenant c'était un ange
Qu'elle pressait, pressait encore !
Mon Dieu ! que vive est la louange
Qu'une mère te chante alors ! !

L'hermine à la splendide robe
Se meurt de honte et de douleur,
Si la moindre tache dérobe
A son vêtement la splendeur.
Imite ses chastes alarmes
Le péché, tu dois l'éviter,
Car pour s'effacer, que de larmes
Sur notre âme il nous faut verser !

Mais j'entrevois un jour suprême
Auquel tu dois souvent penser,
Car pour s'unir à son Dieu même
Peut-on trop tôt se préparer ?...
Près d'une mère bien-aimée,
Sous l'œil d'un père si chéri,
De tous tes parents entourée,
Qui te bénissent à l'envie
Tu marches, de vertus parée,
En blanc vêtue, au saint autel.
Là, de ton ange accompagnée

Dans ce moment si solennel
Tu goûtes du grand Don céleste
La douceur, le charme et la paix.
Saintes délices ! Ah ! je l'atteste,
On ne vous retrouve jamais !

Mais ce parfum de l'innocence
Qui nous enivre en ce beau jour
Embaume toute l'existence
Et le cœur s'en souvient toujours.

15 Février 1871.

Le souvenir des amis absents lui inspire cette jolie prière dédiée spécialement à notre plus chère amie, Natalie :

A vous, tous mes amis ; à toi ma Natalie,
De mes chères enfants la compagne choisie,
Ces vers faits loin de vous et que m'ont inspirés
Vos souvenirs si doux tant de fois évoqués.

L'AMITIÉ

Amitié ! chose sainte et si pleine de charmes,
C'est Dieu, dans son amour, qui t'envoya des Cieux
Pour embellir la vie et pour sécher les larmes
  De tout cœur pur et généreux ?

Car jamais le méchant à la parole amère,
Le jaloux, du bonheur de son frère ennemi,
L'égoïste au cœur sec, n'eurent le droit sur terre
  De souiller ce saint nom d'ami.

Impies, et vous pécheurs, vous avez des complices,
Rois et puissants du jour, vous avez des flatteurs ;
Mondains, des compagnons de vos fausses délices,
  Jeunesse, des adulateurs !

Mais du vertueux seul il est la récompense,
L'ami... c'est un trésor qu'il nous faut acquérir.
On n'a droit à l'amour, au zèle, à la constance,
  Que si soi-même on sait s'offrir.

Arrière les calculs, les basses complaisances,
Les doutes malveillants, les compliments flatteurs,
Les dévouements mesquins, les pénibles silences
  Qui glacent à jamais les cœurs.

Ah ! pour que l'amitié devienne chose forte
Il faut, et rien alors ne pourrait l'ébranler,
Qu'en ce contrat tacite, en commun l'on apporte
  Tout son cœur pour le dépenser.

Oui, le fidèle ami soutient nos espérances,
De nos joies et succès se compose un bonheur,
Il gémit sur nos maux, allège nos souffrances
  En partageant notre douleur.

Quel courage ignoré il trouve en sa tendresse
Pour repousser les traits qu'on a lancés sur nous !
Comme il panse la plaie avec délicatesse
  Quand il n'a pu parer les coups !

Dans nos doutes obscurs, son conseil nous éclaire,
Et dans la défaillance, il nous est un soutien.

Que de fois son appui, son aide salutaire
    Nous ont fait pratiquer le bien !

Si loin de nos regards le destin nous l'emporte,
Si de sa voix aimée on n'entend plus les sons,
Il nous suit en pensée, et son cœur le transporte,
    Et le fait vivre où nous vivons.

Alors ne pouvant plus par sa douce présence,
Ses larmes, ses baisers, adoucir nos malheurs,
Il s'adresse au Dieu bon, et sa sainte influence
    Vient en atténuer les rigueurs.

Oh ! oui, j'aime à penser lorsqu'un bonheur m'arrive
Ou qu'un mal redouté des miens s'est éloigné,
Quand l'épreuve en tombant me rend la foi plus vive,
    Ou bien le cœur plus détaché,

Que je dois ces faveurs, ces abondantes grâces,
Ou ce secours puissant par le Ciel envoyé,
A l'ardente prière et aux vœux efficaces
    D'un cœur saint, pur et dévoué.

Ah ! lorsqu'en ce chemin qu'on appelle la vie
Qui de l'éternité nous conduit jusqu'au seuil,
Route souvent perfide et d'épines remplie
    Où les fleurs nous cachent l'écueil,

Nous avons pour appui un compagnon fidèle
Qui marche à nos côtés et nous soutient toujours,
Un ami vertueux dont l'amour et le zèle
    Nous sont un perpétuel secours,

Ne nous plaignons jamais : les périls du voyage,
La fatigue et l'ennui, tout sera conjuré.
Les maux perdent leur nom dès qu'un cœur les partage,
  Seuls, ils assurent l'amitié.

Marseille, Avril 71.

Enfin elle écrit pour cette sœur chérie qu'elle appréciait plus que jamais. C'était précisément pendant le malaise qui lui fit garder le lit et l'obligea à quelques soins. Elle avait mis plaisamment en épigraphe : « Vers composés sous l'influence d'un cataplasme émollient. »

A MA SŒUR

Caroline, ma sœur chérie,
Ne m'as-tu pas dit : Bonne amie,
Écris-moi avant de partir,
Quelque chose pour souvenir.

Mais mon embarras est extrême,
Car je ne sais quel est le thème
Que je pourrais avec succès
Choisir pour servir tes projets.
De toute chose de ce monde
Tu as une pitié profonde !
Célébrer tes douces vertus ?
Tu ne le voudrais pas non plus.
Et néanmoins, si je refuse,
Tu te brouilles avec ma muse

Et tu m'accuses de froideur,
De nonchalance ou bien d'humeur.
Tout cela est très difficile !
Continuer serait futile,
Si le ciel même à mon recours
Ne venait me sauver toujours.
Si les jouissances de la terre
N'ont su charmer ton âme austère,
Parler de l'éternel bonheur
Charmera sûrement ton cœur.
Laisse-moi donc alors te dire,
Avec le plus joyeux sourire,
Le doux spectacle édifiant
Que la foi découvre à mes sens.
Je vois à mes yeux apparaître
Chaque vertu que tu fais naître
Dans ces cœurs à toi confiés,
Que tu combles de tes bontés.
Je vois chaque épreuve soufferte,
Chaque privation offerte
En secret à ce Dieu si bon
Qui tient compte du moindre don,
Se transformer en fleurs bénies
Qui, par les Anges réunies,
Forment la belle couronne
Qui doit un jour, ma toute bonne,
Ceindre ton front pur, virginal,
Que ne souilla jamais le mal.
Mais si tu continues encore,
Ma bonne sœur Saint Théodore,

A fournir de longs jours remplis
De vertus, de devoirs bénis,
Ta couronne sera si grande
Que tu ne pourras, Dieu m'entende !
Suffire seule à la porter ;
Alors dans sa bonté immense,
Il permettra à « pauvre Hermance »
    De venir la partager.

Marseille, 8 mai 1871.

Enfin la dernière poésie composée moins d'un mois avant sa mort, célèbre le retour à la vie de la petite Hermance Cauyette, ma filleule.

Cette chère enfant, saisie par une fièvre typhoïde des plus pernicieuses, avait donné les plus graves inquiétudes, lorsque la nuit de Noël 1870, sa mère désespérée avait fait un vœu qui la rappela à la vie :

LA NUIT DE NOEL

PUISSANCE DE LA PRIÈRE.

C'est la nuit de Noël, sur ta couche étendue
Pauvre enfant ! tu te meurs, un mal affreux te tue.
Ange pur, tu souris te souvenant des Cieux,
Et sans regrets amers tu quitterais ces lieux !
Mais que vois-je ? Une femme, à tes côtés en larmes
Le regard anxieux, dévorant ses alarmes,
Surveille avec effroi tous les progrès du mal
Et ne peut se garder d'un présage fatal.
C'est sa mère éperdue. Ah ! qui pourrait redire

Les tourments de son cœur en cet affreux martyre !
Car il n'est que trop vrai... tout espoir est perdu.
Le Docteur, un ami, consterné, abattu,
Renfermé jusqu'ici dans un morne silence,
Déplorant de son art la triste insuffisance
Fait appel au courage, à la force, au devoir.
— Retirez-vous, Madame, il faut tout prévoir   [laisse,
Conservez-vous pour ceux qu'un sort plus doux vous
Quelques instants encor... hâtez-vous, le temps presse.
Et le cœur affligé, la prenant par la main,
De s'éloigner du lit, il la conjure en vain !
C'est la nuit de Noël !... un éclair d'espérance
Illumine son front pâli par la souffrance !
C'est la nuit de Noël ! non, dit-elle, je veux,
(Car la foi se réveille en ces moments affreux)
Je veux avec ardeur prier la Vierge sainte :
Pourrait-elle aujourd'hui rester sourde à ma plainte ?
« Vierge dans cette nuit où naquit le Sauveur,
« Où la joie et l'amour ont inondé ton cœur,
« Dans ce même moment où tu devins sa mère,
« Tu pourrais, insensible aux cris de ma prière,
« Quand tu tiens ton enfant serré contre ton sein
« Permettre que la mort vînt m'arracher le mien !
« Non, cela ne se peut... je crois à ta puissance,
« Je crois à ton amour, je reprends confiance,
« La mère me comprend, la reine exaucera ;
« C'est la nuit de Noël... et mon enfant vivra.

Et le cœur soulevé par cette foi puissante
Qui douter ne sait pas et qui sort triomphante

De la plus rude épreuve et du plus grand combat,
Calme, de sa prière attend le résultat.

Cependant, la nuit passe et le jour lui succède.
L'enfant est toujours là ; le mal qui la possède
Semble avoir ralenti ses funestes progrès,
Et sa présence seule est déjà du succès.
Pendant des jours entiers, la mère courageuse,
Forte de son espoir qui la rend vigoureuse,
Prodigue tous ses soins, ses veilles, ses soucis,
De sa foi ravivée attend, ferme, le prix...
En effet, jusqu'ici l'enfant tout absorbée,
Lève ses beaux yeux noirs sur sa mère adorée,
Et prononce ce mot toujours si ravissant
Qui dans cette heure alors prit un son délirant :
Maman ! O doux miracle ! ô faveur signalée !
« Merci, merci, mon Dieu ! elle est enfin sauvée !
« Vierge, tu m'as rendu le bonheur de mes jours ;
« Notre encens, notre amour sont à toi pour toujours.
« Jusques à tes sept ans de tes couleurs parée
« Hermance redira cette grâce accordée
« Et rappelant ainsi des dangers et nos pleurs
« Au ciel élèvera les accents de nos Cœurs.

Marseille, 18 mai 1871.

XXVII

Avant de rentrer à Fontainebleau, nous fîmes un long détour pour passer à Aurillac ; les trains étaient envahis par la foule, surtout dans les grandes gares, et très surveillés à cause de la Commune qui régnait encore à Paris.

Nous passâmes une dizaine de jours, bien choyés dans la famille de mon oncle Louis, et ne pouvant nous lasser d'admirer les splendides paysages de l'Auvergne. Cependant Maman avait hâte de rentrer ; les névralgies de papa étaient toujours si violentes qu'il ne pouvait passer une nuit entière dans son lit ; elle-même ne se sentait pas bien : l'inflammation intérieure avait repris le dessus ; puis les terribles nouvelles reçues de Paris la bouleversaient. A l'annonce du massacre de l'Archevêque de Paris et des prétendus otages, nous la vîmes changer de couleur et s'impressionner visiblement.

Quant à Geneviève, elle était fort mal à l'aise et tout absorbée. Pendant notre voyage de retour, elle n'ouvrit la bouche que pour demander à boire... la pauvre enfant était déjà, à notre insu, dévorée par la fièvre.

XXVIII

Le vendredi 2 juin, par une belle matinée, nous arrivâmes à la gare de Fontainebleau.

Après tous les événements passés, nous croyions rêver de nous y retrouver sans encombre. Maman nous répétait : « Mes enfants, remercions Dieu d'avoir « échappé à tant de dangers et d'être rentrés chez « nous ; dès que nous serons installés nous ferons venir « ceux de nos parents et amis qui ont été le plus « éprouvés, afin de leur faire oublier leurs souffrances « à force de prévenances et d'amitié. »

A la maison nous trouvâmes les bons cousins Machy qui nous avaient préparé une cordiale réception.

Le vénérable curé, M. Charpentier, qui traversait à ce moment notre rue, voulut être le premier à nous souhaiter la bienvenue.

Puis nous nous mîmes à table ; à peine Geneviève eut-elle mangé quelque chose qu'elle fut prise de vomissements et alla se coucher : Clémentine l'aida à se mettre au lit.

Maman monta la voir et lui dit : « Ma pauvre enfant, « tu as pris le bon parti et je vais t'imiter, car je sens « que j'ai besoin d'un grand repos. »

Ainsi débuta cette terrible maladie qui emporta la marraine et mit la filleule à deux doigts de la tombe, sans que l'on puisse dire laquelle des deux fut atteinte la première et put communiquer à l'autre la contagion.

Pendant dix jours nous n'eûmes aucune idée du danger qui menaçait. Geneviève nous inquiétait davantage, paraissant si absorbée, si immobile que l'on eût dit, dans son lit, un petit cadavre. Mais elle était toujours douce et polie, avait l'esprit présent à ce qu'on lui demandait, et prenait volontiers les médicaments et les potages qui étaient ordonnés.

Maman au contraire était d'une agitation extrême, ne pouvant fermer l'œil ni jour ni nuit, changeant sans cesse de lit, sans trouver de repos. Le sens du goût était tout à fait altéré, et lui faisait trouver horrible tout ce qu'elle prenait.

Mais le vieux docteur d'Escalonne ne nous effrayait pas, attribuant cet état à la fatigue et aux émotions trop vives. Je l'entends encore dire avec sa brusquerie qui n'excluait pas l'affection : « Diable de femme ! elle n'a seulement pas la fièvre ! »

M. l'abbé Colas, notre confesseur à tous, vint voir maman et causa avec elle sans avoir la moindre idée non plus qu'elle pût avoir besoin de son ministère.

Quant à maman elle eut le pressentiment dès le début qu'elle était frappée à mort.

Lorsqu'Aline, accourue pour nous revoir, entra dans sa chambre, elle lui dit : » Ma pauvre Aline, vous êtes venue pour me rendre le même service qu'à tante Mazas » faisant allusion à l'ensevelissement de cette dernière.

Un autre jour elle dit au docteur d'Escalonne : « Docteur, mais vous me laissez donc mourir comme cela ! »

— « Puisque je vous dis, » reprit celui-ci, « que vous n'avez rien de grave ; prenez demain une grande purgation ; puis vous vous lèverez et vous mangerez. »

Le médecin parti, maman vit que nous étions dans la chambre ; elle en fut attristée et nous dit : « Mes pauvres enfants, si j'avais su que vous fussiez là, je n'aurais pas parlé ainsi. » Nous la rassurâmes en protestant que nous ne partagions aucunement ses craintes, ce qui était parfaitement vrai. Je me rappelle avoir dit à Clémentine : Est-il possible que maman qui d'ordinaire a tant de moral, se frappe pour un malaise si peu important !

Pas une fois maman ne chercha à savoir le nom de sa maladie ; elle était extrêmement tourmentée de Geneviève et se demandait si elle pourrait de nouveau avoir la fièvre typhoïde, car elle l'avait déjà eue, étant toute petite. A chaque instant elle en parlait, s'informait de son état, de ce qu'elle avait mangé, craignait que nous ne prissions pas tous les soins nécessaires, si bien que nous attribuions une partie de son mal à cette inquiétude excessive.

Le lendemain elle prit la purgation ordonnée qui produisit un effet considérable ; nous en augurâmes beaucoup de bien. Maman paraissait plus gaie ; Papa la fit plaisanter toute la matinée ; puis après un peu de repos, elle se leva, s'habilla et courut au lit de Geneviève.

Cette visite parut la calmer un peu ; elle essaya de manger une côtelette qu'elle trouva affreusement mauvaise et se recoucha : ce fut pour la dernière fois.

XXIX

La bonne cousine Machy venait nous voir chaque jour et sur les instances de maman nous emmenait, ma sœur et moi, pour prendre l'air. Peut-être fut-ce un grand bien pour nous, car dans l'ignorance où nous étions du terrible fléau implanté dans la maison, nous négligions les précautions les plus élémentaires.

Le 13... seulement le 13 ! — Le docteur fut beaucoup plus inquiet. Cette inquiétude nous parut même avoir grandi dans des proportions exhorbitantes ; elle envahit aussi nos cœurs et les remplit d'angoisse.

Une excellente garde vint nous aider dans les soins incessants que nous donnions à nos chères malades.

La nuit commença assez bien ; vers minuit, mon père alla se jeter sur un lit voisin, recommandant à la garde de l'appeler à la première alerte.

Ma sœur et moi étions couchées au second étage.

Quelle nuit ! mon Dieu ! nous n'en connûmes les détails navrants que plus tard. Ma pauvre mère fut prise d'une crise étrange, d'un caractère inconnu, qui fut comme le signal des ravages qui s'opérèrent dans son sang.

Elle étreignait la garde si étroitement qu'elle lui entrait ses ongles dans les bras et que cette pauvre femme n'osait se dégager pour aller chercher mon père, couché tout habillé à quelques pas.

Dès qu'elle le put, elle courut l'appeler et comme mon pauvre père entrait tout bouleversé, maman l'interpella vivement : « Comment, Léonce, toi, un homme
« chrétien, tu vas me laisser mourir sans m'amener un
« prêtre !... J'aurais cru qu'au moins dans une maison
« comme celle-ci, on m'aurait avertie qu'il était temps
« de recevoir les sacrements ! »

« Ma pauvre chérie, reprit papa, crois bien que si
« nous en avions vu la nécessité, nous n'aurions pas
« hésité à te procurer cette consolation. »

« Du reste dès maintenant, et bien qu'il me semble
« que tu t'alarmes à tort, il est bien facile de te contenter. »

En effet il envoya de suite chercher le prêtre et le médecin.

Ma mère lui dit encore : « Tu crois que c'est mon
« inquiétude pour Geneviève qui me met dans cet état.
« Eh bien ! j'ai dit à Dieu : Mon Dieu, s'il vous faut
« une victime dans cette maison, prenez-moi et épar-
« gnez-la, car jamais je n'aurais le courage d'annoncer
« à mon amie la mort de son enfant. Et maintenant je
« suis tranquille, *Elle ne mourra pas.* »

Pas une seule fois depuis elle ne nous reparla de Geneviève, pas même pour demander de ses nouvelles... et cette assurance donnée par elle nous fut d'un grand secours plus tard lorsque nous veillions la pauvre enfant presque moribonde dont nous n'avions encore pu prévenir les parents.

M. l'abbé Colas arriva et confessa la malade qu'il trouva parfaitement lucide, il repartit chercher le saint Viatique et les saintes Huiles.

Pendant ce temps, le jour se levant, mon père monta nous réveiller et nous mettre au courant de la situation.

Comment peindre notre saisissement !

Nous étions tellement tremblantes qu'à peine pouvions-nous passer nos vêtements.

Ma sœur fut prête la première et maman l'accueillit par le même reproche : « Comment toi, ma Clémen-
« tine, ne m'as-tu pas avertie ! Je comptais tant sur toi
« pour cela. »

La pauvre enfant la combla de caresses et commença à préparer la chambre pour la réception du Sauveur, avec ce calme et cet esprit de foi qui ne l'abandonnaient jamais. Quand je descendis à mon tour, je trouvai ma pauvre mère le visage enflammé, en proie à des suffocations qui la forçaient à se mettre sur son séant et à pousser des soupirs qui ressemblaient à des cris. Elle croyait mourir dans ces crises-là, car lorsqu'elles étaient calmées, elle nous disait d'un air inspiré : « Où est l'âme ! Comment a-t-elle tant de peine
« à quitter notre corps ! »

La pensée de mourir sans avoir reçu l'extrême-onction lui causait un vrai tourment ; à chaque instant elle nous disait : « M. l'abbé n'arrivera pas à temps !
« Je n'aurai pas le bonheur de l'extrême-onction !... »

Nous lui prodiguions de douces paroles, ainsi que tous les soins indiqués par le docteur pour combattre le fléau ; à chaque instant aussi nous regardions la pendule, et j'appris ce matin-là comment les minutes peuvent paraître plus longues que des heures.

Pendant que nous l'entourions ainsi, elle nous dit :

« Mes enfants, je vous demande pardon de toutes mes injustices. »

« Oh ! maman, » m'écriai-je, « peux-tu dire cela, « toi qui as toujours été un ange pour nous » ! « Laissez-moi le dire, » reprit-elle doucement, « cela me fait du bien. »

Enfin le prêtre arriva.... Pendant que notre Mère goûtait les consolations suprêmes, je demandais surtout sa guérison au Dieu qui peut tout, et l'espérance, si naturelle à notre âge, rentrait dans mon cœur et le ranimait. La cérémonie sainte achevée, il se fit un changement considérable dans l'état de notre chère malade : « Oh ! je suis bien heureuse » nous disait-elle, « maintenant, j'ai tout ce que je désirais. »

Et elle le répéta plusieurs fois.

Les crises se calmèrent ; les sangsues que l'on avait posées dégagèrent la tête et, chose étonnante, le goût parut revenir : elle prit avec plaisir diverses petites choses et les trouva bonnes.

Cependant, comme elle parlait toujours de sa mort, Papa lui dit en pleurant : « Pourquoi nous dis-tu cela ? « tu sais bien que nous ne pourrions vivre sans toi ! » Elle reprit avec conviction : « Il le faudra bien pourtant. »

A d'autres moments, elle nous disait : » Si le bon « Dieu me rappelle à lui, c'est que ma tâche est achevée. »

Vers l'heure du déjeuner, elle se trouvait réellement mieux. L'espoir rentrait à flots dans nos cœurs.

Ma pensée se reportait vers sa famille que nous

avions quittée si récemment et je me proposais de leur écrire pour leur communiquer à la fois nos craintes et nos espérances qui déjà, dans mon imagination, se transformaient en certitude de guérison.

Nous faisions même des projets :

« Tu vois » lui disait mon père, « que tu vas te gué-
« rir. Bientôt tu seras en convalescence et nous ferons
« de bonnes promenades en voiture dans la forêt pour
« te redonner des forces. »

« Mes chers amis, » répondit maman, « si Dieu le
« permet, je veux bien rester au milieu de vous ; mais
« peut-être qu'une autre fois, je ne serais pas aussi bien
« préparée. »

Ces paroles, dites très simplement, exprimaient l'exacte vérité.

Toute sa vie n'avait été qu'une préparation à la mort par le travail et la prière ; toute sa vie, elle avait aspiré après la récompense céleste, ainsi que nous pouvons le voir par ses écrits ; depuis quelque mois, une piété plus tendre, un plus entier abandon d'elle-même avaient achevé de la purifier et de l'unir étroitement à Dieu, et maintenant un dévouement sublime lui faisait offrir sa vie pour racheter celle d'une filleule bien-aimée : pouvait-elle souhaiter une plus belle fin ? N'était-elle pas mûre pour le ciel ?

Ce moment approchait et nous ne nous en doutions pas.

Elle nous dit encore en nous voyant rapprochés tous trois : « Aimez-vous bien ; » — à un autre moment : « Si Dieu permet que l'on s'occupe là-haut de

« ceux qui nous sont chers ici-bas, je serai toujours
« au milieu de vous ! »

Enfin elle demanda : « Quel jour sommes-nous ?
« Mercredi » répondit-on.

« Ah ! » fit-elle... « c'est un beau jour pour... »

Elle n'acheva pas, mais nous comprîmes sa pensée.
Elle était agrégée à la confrérie de la Bonne Mort,
sous le patronage de Saint Joseph, et c'est précisément
le Mercredi qui est consacré à honorer ce grand saint.

Ce furent, je crois, ses dernières paroles.

Elle avait par moment un léger délire où les impressions de la Commune hantaient son esprit ; mais cela durait fort peu et elle paraissait toujours calme et lucide lorsqu'on lui adressait la parole.

Enfin, elle s'endormit ; je ne saurais dire ce que ce fatal sommeil nous causa de joie, pensant qu'après douze jours d'agitation, elle allait enfin se reposer !

Nous marchions sur la pointe du pied pour ne pas l'éveiller ; et Mme Machy étant arrivée, nous lui proposâmes de nous emmener à l'Eglise pour nous confesser, car nous désirions communier pour notre chère Malade le lendemain, qui se trouvait la Fête du Sacré-Cœur.

Nous attendions seulement le retour de la garde, partie pour quelques instants.

L'entendant rentrer, nous lui fîmes part de notre satisfaction, du sommeil de maman que nous croyions si réparateur... et nous l'accompagnâmes dans la chambre.

Que l'on juge de notre épouvante lorsque cette femme qui avait une grande expérience des malades,

nous cria : « Mais ce sommeil est très dangereux...
« vous ne voyez donc pas que c'est la congestion cé-
« rébrale qui commence ! Réveillez-la, relevez-lui la
« tête et mettez des boules aux pieds... je cours cher-
« cher le médecin. » Et elle se sauva toute tremblante.

Nous ne savions plus où nous en étions.....

Mon père souleva la tête de la malade et les yeux se rouvrirent pour laisser apercevoir un regard qui n'était plus de ce monde... il y eut quelques soupirs profonds, très espacés..... et mon père nous dit : « Mes pauvres enfants ! tout est fini... elle n'est plus !...

XXX

Je me sauvai dans une chambre voisine, tremblante, en pleurs, persistant à croire que mon père se trompait et qu'un pareil malheur était impossible.

Je retins ma respiration lorsque le docteur d'Escalonne entra ; j'étais convaincue qu'il allait dire que c'était seulement une crise passagère et voici ce que j'entendis : « C'est pire qu'une fièvre typhoïde... c'est « un véritable typhus. Elle est déjà aussi décomposée « que si sa mort remontait à vingt-quatre heures ; pre- « nez les plus grandes précautions pour ne pas com- « muniquer la contagion dans le pays. Mettez du « chlore dans toutes les chambres, ouvrez les fenêtres « de celle-ci et faites brûler du genièvre ; enfin enter- « rez les oreillers et tout ce qui a touché à la défunte. » Ainsi furent anéanties les dernières illusions de mon pauvre cœur.

Je n'eus pas même le courage de rentrer dans la chambre, tandis que ma sœur, soutenue par la conviction intime que notre Mère était dans l'éternel baiser de Dieu, lui rendit pieusement les devoirs de l'ensevelissement : Aline l'aida dans cette tâche ainsi que maman l'avait prédit elle-même . . . .

` . . . .
Et maintenant mon Dieu ? puis-je achever ces pages

— 161 —

sans vous remercier d'avoir fait une créature si pure, si charmante et si bonne... bien plus de nous l'avoir destinée... à mon père, pour être sa compagne chérie... à nous, pour être notre Ange gardien visible sur la terre.

Vous avez exaucé son dernier vœu et elle nous a tenu sa dernière promesse, car depuis son départ de la terre nous l'avons constamment sentie auprès de nous :

Elle a été notre meilleure compagnie dans la solitude, notre plus grande sauvegarde dans les dangers du monde et notre plus puissante Médiatrice auprès de vous.

Permettez, Seigneur, que nous la rejoignions un jour en prenant pour devise cette pensée que j'ai trouvée rajoutée de sa main au bas de son Journal :

> Ah ! Whatever may be life
> Provided that the end be God !

« Ah ! peu importe ce que puisse être la vie pourvu que le terme en soit Dieu. »

28 Avril 1891.

www.ingramcontent.com/pod-product-compliance
Lightning Source LLC
Chambersburg PA
CBHW060528090426
42735CB00011B/2420